状元谈做题

→ 2016年陕西高考理科状元　王婕茹 ←

不在于题做得多而在于尊敬每一道题

提起学习经验，王婕茹说，很多同学觉得学理科就是大量地刷题，其实她觉得不在于题做得多，而在于思考和琢磨。要尊敬每一道题，因为每道题都是出题老师根据知识点费心设计出来的，每道题都有它的灵魂，如果你根据它的知识点进行发散思维，那么做好一道题你会领悟到很多。

→ 2016年河北高考理科状元　孟祥熙 ←

通过做题发现知识点之间的规律

谈及学习方法上有什么“秘籍”，孟祥熙说道，自己会主动去搜集大量的试题，各个省份和名校的模拟卷等，多做题就能多积累一些题型，通过大量地做题，总结一些解题方法和技巧，考试的时候做题速度才能快起来。但也不是盲目地做题，很多知识点都是相互关联的，自己要善于发现和总结，从大量的题目中发现一些规律，归纳出要点。

→ 2016年广西高考理科状元　覃煜鑫 ←

一题多解让我很有成就感

在复习阶段，我会尽量尝试一题多解，这让我乐在其中。比如做一道物理题，我会先用高中方法算一遍，再用微积分知识算一遍，这样让我很有成就感。另外，寻找各知识点之间的联系，寻找不同学科之间的交汇点也是一件很有趣的事。

状元学习法系列

全国重点名校教师推荐

北大清华状元都掌握的100个学习细节

（修订本）

陈年年◎主编

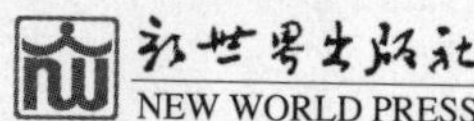

新世界出版社
NEW WORLD PRESS

图书在版编目（CIP）数据

北大清华状元都掌握的100个学习细节 / 陈年年主编
. -- 修订本 . -- 北京 : 新世界出版社 , 2017.6
ISBN 978-7-5104-6321-1

Ⅰ . ①北… Ⅱ . ①陈… Ⅲ . ①中学生－学习方法
Ⅳ . ① G632.46

中国版本图书馆 CIP 数据核字（2017）第 122997 号

北大清华状元都掌握的 100 个学习细节

作　　者：陈年年
责任编辑：房　阳
责任校对：宣　慧
责任印制：李一鸣　王宝根
出版发行：新世界出版社
社　　址：北京西城区百万庄大街 24 号（100037）
发 行 部：（010）6899 5968　（010）6899 8705（传真）
总 编 室：（010）6899 5424　（010）6832 6679（传真）
http://www.nwp.cn
http://www.nwp.com.cn
版 权 部：+8610 6899 6306
版权部电子信箱：nwpcd@sina.com
印　　刷：北京市兆成印刷有限责任公司
经　　销：新华书店
开　　本：710mm × 1000mm　1/16
字　　数：200 千字　　印张：13.5
版　　次：2017 年 6 月第 1 版　2017 年 6 月第 1 次印刷
书　　号：ISBN 978-7-5104-6321-1
定　　价：29.80 元

◂◂◂ PREFACE 前　言

“细节决定成败。”这是我经常对同学们说的一句话。对于中学生，尤其是面临中考、高考的毕业生来说，每一个学习细节都至关重要。其中，做题是最重要的一个环节，它贯穿于“预习—听课—作业—复习—考试”整个学习过程之中。做题直接关系到大家对课堂知识的消化吸收和理解运用，而强大的做题能力能让你的学习效率最大化，使你的成绩在短时间内脱颖而出。

那么，同在一个班级，做同样的题，而且数量一样，为什么有的同学通过做题能快速提高学习成绩，而有的同学却感觉做题毫无成效？这种明显的差别是怎样产生的呢？我们该如何处理好做题这一环节，又必须注重哪些细节呢？

在一次学习经验交流会上，我请了两位高考状元来回答这个问题，他们给出了自己的一些想法：

“我并不赞成题海战术，题做得太多，难免大同小异，往往事倍功半。我认为，做题既要学会思考，还要学会总结方法和细节。我做题从来不会盲目贪多，而是选择每种题型中具有代表性的题目，一边做一边思考：这道题为什么要这样做？还有没有其他的解法？类似的题目可不可以用这种解法？……”

“我觉得做题不能太盲目，不能为了做题而做题，做题数量的多少并不是最重要的，重要的是要做得有质量。平时，我们做题不是为了做题而做题，而是为了积累做题的方法技巧，在解题中学会解题，培养自己思考问题、分析问题、解决问题的能力。如果不能提高自己的综合解题能力，那么做100道题也不及别人做10道。”

作为一名常年带毕业班的老师，我十分赞同这两位同学的观点。之所以有些同学花费大量的时间做大量的题，学习却毫无进步，而有些同学却能通过做题快速地提高成绩，其关键就在于有没有掌握高效合理的做题方法。这是我和多位高考状元以及众多一线教师探讨后总结出来的结论。

《北大清华状元都掌握的100个学习细节》正是为此而编写的。本书紧紧围绕做题这个学习环节，把中学生在做作业、做练习、复习做题、考试做题时可能出现的问题，都一一提出来，并提供了详细的解决方案。比如怎样改掉做作业拖沓的坏毛病，如何选择适合自己的参考资料，怎样提高“一题多解”的能力，错题本应该怎么用，等等。这些方法操作性强，同学们看了之后，马上就能用到。本书还详细介绍了各科的各类题型的做题技巧，它们都很具体、有针对性。

我相信，有了本书的指导，大家在面对做不完的题目时，定能做到举一反三，迅速提升解题能力，稳步提高学习成绩。

最后祝同学们学业有成！

CONTENTS 目录

第一章

基础作业——从练好做题的基本功开始

为什么有的同学花费大量时间做了大量的题，学习却毫无进步，而有些同学却能通过做题快速提高成绩？关键就在于有没有扎实的做题基本功。

第二章

解题能力——拓宽思路和提高效率的妙方

做题的最终目的还是要在解题中学会解题。如果不提高自己的综合解题能力，那么做100道题也不及别人做10道。

第三章

答题技巧——提高答题成功率的做题方法

每次大考都会有“黑马”出现，而且常常不止一两个，其实这些同学平时成绩并不是特别优秀，但他们一定最懂得考试技巧。

第四章

错题笔记——最实用、最有效的学习工具

错题利用的最佳方式，就是错题本。它几乎是所有优等生必备的秘密武器，也是我们每一位同学对待题海的一大法宝。

第五章

做好语文题的必备方法

纵观近年来的中、高考语文试题，在内容和呈现方式上更注重考生自我表达和知识的综合交叉，这是我们做好语文题的一大方向。

第六章

轻松提高数学成绩的做题策略

众所周知，数学知识的掌握和成绩的提高是需要做一定量的题目才能达到的，但这并不代表学习数学就要死做题、做死题。

第七章

妙用方法巧做英语题

英语考试重在考查大家的听、读、写能力。不同的英语题型考查的侧重点各有不同，解答方法也不尽相同。

第八章

物理题的解答妙招

物理的学习特点虽然以理解为主，但只有通过适当地做题，才能提高自己的运算能力和速度，从而锻炼思维的应变和运用能力。

第九章

化学题的常用做法

化学学习也非常讲究知识的灵活运用。通过做题可以让我们更加熟悉和掌握化学的基本知识，这比单纯的“背”效果要好得多。

第十章

怎样做好政治题

要想克服做政治题时出现“心中有，笔下无”的情况，就必须将政治理论融入做题的实践中去，将“记”与“做”有机结合。

第十一章

历史题的审答技巧

有些历史学得很不错的同学提出了一种“死去活来”的见解，就是告诉大家，历史知识是死的，但做题时一定要把死知识用活了。

第一章

基础作业
——从练好做题的基本功开始

“练武不练功，到老一场空。”这句话说的是练武首先要练基本功，所谓的基本功就像房屋的地基一样，没有基础，想要建造高楼大厦无异于痴人说梦。这个道理对中学生同样适用。为什么有的同学花费大量时间做了大量的题，学习却毫无进步，而有些同学通过做题就能很快提高学习成绩？其中的关键就在于你有没有扎实的做题基本功。有人会问，做题不就是看到题目就做，然后核对答案吗？这种认识有很大的片面性。其实，做题时有着很多你必须遵守的习惯和原则，也就是做题的基本功。让我们一起通过对本章的学习来快速磨炼自己的做题功底吧！

001 会做作业也是一种好习惯

谈到做题，恐怕大多数同学主要面对的就是每天的课后作业了。很多同学对于繁重的作业非常反感，甚至把做作业当成应付老师检查的一项任务。的确，现在学生的作业量非常大，有时候真是多到做不完，大家产生点厌烦情绪也是可以理解的。

其实，从目的上来讲，做作业就是一个复习的过程。通过做作业，你不仅能很好地巩固当天所学的知识，更能从中检验出自己是否养成了良好的学习习惯。经验证明，凡是成绩优秀的学生，都把做作业视为学习中的重要一环。只有养成了好的做题习惯，才能保证你按时按量地完成作业，并真正使做作业发挥出“温故而知新”的作用。那么，我们怎样才能既有效又快速地把作业做好？做作业要养成哪些良好的习惯呢？

1. 一定要先复习后做作业。在做作业之前先把老师课上讲的内容认真看一看。例如数学作业，先回忆一下，老师讲了哪些定理和公式？是怎样推导出来的？解答例题用了哪些方法？思路是什么？突破口在哪里？弄清楚这些问题之后再去做作业，就能检验出自己的学习情况了。

2. **认真审题。**审题就是要弄清题目的意思，找出要解决的问题。审好题是迅速、正确解题的必要条件，审题出了错，后面的功夫就白费了。例如作文，如果把文体搞错了或者跑题了，那就白费功夫了。

3. **细心做题。**做题关键是要保证“规范”和“准确”，这需要大家在平时就养成做题认真细致、步骤完整、思路严密的好习惯。

4. **作业必须检查。**检查作业是保证作业质量的重要手段之一。方法有许多，比如：逐步检查法，即按照做题思路，一步一步进行检查，看有无错误；核对法，即把做出的答案同参考答案或书上的内容进行对照，看有无错误、遗漏；代入法，即将结果代入原题中，看是否合理。不同学科的作业检查方法不同，我们要注意摸索、归纳和总结。

除了上述4点，2016年江西高考文科状元胡煜认为，在做完作业之后，要想一想这些作业运用了哪些知识点，有什么特点和规律可循，如果经常这样想，慢慢地你就能做到触类旁通、举一反三。

·尖子生·
·对你说·

把每次作业都当成是考试

有的同学说自己平时做题效果不错，但是一到考试就考砸。我觉得这可能跟平时做练习的时候环境过于宽松有关。比如，有的同学喜欢做作业的时候听听音乐、吃吃零食，到了考场上当然不允许，于是环境的改变引起了心理的紧张。对于这种情况，建议在平时做题时就给自己制造一点考试的气氛，比如给自己规定做一道题的时间，或是把做题当成一次小考。这样长期坚持，真正上考场了就不会感到不习惯了。

——清华大学数学系　蔡国良

002 跟做作业拖沓说再见

我们做作业的目的，就是巩固、消化、提升所学的知识，培养自己分析问题和解决问题的能力。要实现这个目的，首先就要求我们必须及时完成作业。如果把今天的作业留到明天，不仅起不到复习的作用，还会加大明天的作业负担，使学习陷入恶性循环。

事实上，有些成绩优秀的学生，即使作业量再大，题目再多，做起来也并不费力，而且还能保质保量；反而是那些成绩一般的同学，作业变成了拖他们成绩后腿的沉重负担。

那么，我们如何跟做作业拖沓说再见，养成按时完成作业的好习惯呢？许多有着丰富教学经验的老师为我们总结了以下几种好方法。

1. **明确自己的学习目标。**当发现自己对某一门功课不感兴趣的时候，要及时地提醒自己这门功课的重要性，确立学好这门功课的决心。

2. **做作业之前先计划一下，做到定时定量。**比如，在做英语阅读题的时候，可以规定自己必须在一个固定时间内完成，给自己一定的压力。这样做可以让自己更专心，更有效率。

3. **保持良好心态。**开始做作业之前，要把书桌整理好，把可能干扰学习的东西收起来，稳定情绪。做作业时要平心静气，专心致志。对兴趣不高的功课，在认真完成作业后可以采取自我奖励的方法，达到自我激励的作用。

4. **在作业量比较大的情况下，可以分段完成作业。**每个人集中注意力的时间是有限的，如果作业量比较大，可以考虑分成两次甚至三次来做，中间穿插休息时间。随着注意力的集中，可逐渐延长做作业的时间，减少休息次数。

“有了目标，才能战胜疲倦，”2016年重庆高考文科状元唐何文嘉说，“当你决心要改变拖沓的坏习惯时，没有别的办法，只有坚持。”

·尖子生·
·对你说·

做好作业需注意的两点

首先，我们在做作业时要注意提高作业质量，而不仅仅满足于做完作业。因为不少习题都存在着几种解答方法，这需要我们每做一题都要想想还有哪几种做法，然后选出最简单最巧妙的解法。

其次，我们在遇到难题的时候要知难而进。做作业是一项艰苦的工作，不发愤图强是不行的。在做作业的过程中不能一遇到简单题就高兴，遇到难题就一筹莫展。正确的做法是以一颗平常心对待，在对难题完全没有思路的情况下再考虑去请教别人。

——北京大学数学科学学院　李清

003 不能忽视的课本例题和习题

有经验的教师都知道，中学阶段的考试试题，包括中考和高考试题，很多都取材于课本上的例题和习题。出题人会很巧妙地对例题进行变形。比如，把这个题的结论作为已知条件，把原来的已知条件作为新题目的结论；或者什么都不变，仅告诉你已知条件。这样，一道新考题就产生了。综合题也是这样，考试时虽然不会原封不动地出现课本原题，但实际上就是由若干个基础题整合而成的。

北京大学经济学院的段楠在北京四中读书时，高二第一学期期末考试只考了班里的第30名，而且数学还没有及格。那么，她后来是如何把数学成绩提上去，并夺得北京市“状元”的呢？她透露了她的“绝招”：“背例题”。她说：

我学习有一个小窍门，那就是“背例题”。这里所讲的“背”不是死记硬背，而是在熟悉做题方法的前提下将例题熟记于心。当你掌握好了每一种题型的解题方法后，再遇到类似题目时做起来就很顺手了。要做到这些，首先你要对全书的例题做到心中有数，全书有多少种例题，可用的解答方法有哪些，这些都是需要明确的；其次要做到持之以恒，而且数量上不能只“背”一道两道题目。

与例题同等重要的还有课本中的习题。考入清华大学的余林同学认为：第一，课本上的习题，是编教材的老师反复考虑挑选出来的，是最具代表性的题目，值得去做；第二，课本上的习题，是强化同学们对概念、公式、定理的理解而出的，而成绩不太稳定的同学的一大通病，就是基本概念等没有掌握牢靠，为此也值得去做课本上的题。而且许多试题都是书本例题和习题的变体，所以好好掌握书本中的内容，并学会融会贯通、举一反三，对成绩的提高是有很大帮助的。

2016年河北高考文科状元袁家伟说：“我数学考得好，其实是深度研究课本例题的结果，掌握了例题的规律，基本上很多题就都会了，如果你能透过现象看本质的话。”

·优等生·
·经验谈·

例题你可以这样记

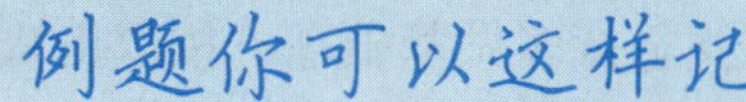

在作业本上抄写每一道例题的题目，先不要看书中的解法，合上课本自己解答。等解答完毕后，再翻开课本参照例题一一对照，看看自己的解题方法和步骤是否跟书中一致。如果有不同的地方，要分析这样做的原因和利弊，寻找自己的知识盲点，然后进行订正，在不断的改正过程中就可以加深对例题的记忆了。

——西安交通大学研究生院　李力国

004 选择适合自己的练习题

大家经常做题，有的是老师布置的，有些是自己买的参考资料里的。在做题时，你是否会有选择性地去做那些适合自己学习状况的习题？许多参考书里会把习题根据难度的不同划分为不同等级。一般说来，习题的难度层次有三种：基础水平、高考水平和竞赛水平。对于学习成绩一般的学生来说，一定要坚持多做基础题，按部就班地弄懂做透课本上的例题和习题；成绩较好的同学，则要坚持多做高考水平的题；那些学习游刃有余的同学，就可以考虑挑战竞赛题了。如果做题时不结合自身情况而盲目多做题、做难题，不但收不到好的效果，反而会使自己越做越失去信心。那么，我们应该如何根据自己的学习情况，选择适合自己的练习题呢？

下面介绍两位优秀学生的做法。

1. 做“拉分题”法。北京大学的李宏霞同学在谈到自己的做题经验时认为，数学的基础题固然很重要，但是针对那些想要提高成绩、与别人拉开距离的同学来说，要格外重视综合性强、难度大的题目，也就是试卷上最后的一至三道大题。做好此类题目对成绩的大幅提高是大有裨益的。她的经验是：

第一，要充分重视“拉分题”，长期坚持做“拉分题”。每次做的量不要太大，一次做四五道即可，但是所见的题型要广泛、全面。

第二，做题之后，在一定周期（例如一到两周）要进行小结，把解题方法进行汇总，以达到系统提高的目的。

2. 复习时的“三轮做题法”。清华大学生物系的牛志强认为，高考复习时要根据复习进度选择适合自己的练习题目。结合复习进度有针对性地做好不同难度的练习题，这对自己巩固知识和提高能力是很有帮助的。在第一轮复习时要多做基础题、中档题，通过做题加深对书本概念和知识点的理解，弥补以前学习过程中的遗漏；在二轮复习中要注重解题方法的积累，培养清晰的解题思路，训练自己的综合解题能力；第三阶段（一般是停课复习的两三个星期），要静下心来整理知识体系。此时，可适当做做真题，不纠缠于难题、偏题。

相信同学们只要找对了做题的“大方向”，再加上平时的认真努力，成绩一定能在不断地练习中得到提高。

名师关键提示

多问一点“为什么”

学生在做题的过程中往往会遇到各种疑点或难点，而这些问题有时恰恰正是学习中的关键。出于“面子”或其他原因，不少学生往往有了疑难问题不愿提、不敢提，这就在一定程度上影响了个人成绩的提高。因此，同学们要主动质疑，积极寻求方法解答心中的疑惑。可以和同学一起对疑点进行讨论，也可以把有疑问的问题摘录下来及时地请教老师。

——山西省中学高级教师　王志明

005 参考书要选好，更要用好

提到做题，就离不开参考书。如今步入书店，形形色色的参考资料让人眼花缭乱。面对这种现状，大家不禁会问：我们应该怎样选好、用好参考书呢？

以高分考入北京大学的王宇飞同学对此很有心得，他说：

一是在你选择参考书的时候要注意按照不同的学科来选择。比如，高三时的化学参考书，老师就建议我们选那些归纳总结性较强、习题相对较少的参考书。语文的参考书中题目最好是有详细的答案解析的。

二是选择好的出版社出版的书，最好是知名度高的出版社。

三是了解作者及背景，在了解作者的教学风格和思路特点之后，应尽量选择自己容易接受的或是能带给自己启发的书来看。

四是查看书中的内容。应重点查看参考书里面的题目是不是针对自己现在的学习情况的，题目难度是否适中。

五是多听听别的同学和老师的意见。比如看看老师和高年级的同学用的都是哪些资料。

另外，在谈到参考书的使用方面，王宇飞总结了两点。

第一，要有目的地使用参考书。在使用参考书的时候，要根据自己的实际情况，有目的地选择一部分题目进行训练，比如选择自己不会做或者经常出错的题型。这样做不仅可以查漏补缺，还可以节省大量的宝贵时间。因此建议大家在拿到一本参考书之后，首先翻看目录，把自己认为重要和自己需要加深学习的章节圈画出来，先完成这些章节的学习和训练，之后若有余力，可以再看其他题目。切忌漫无目的地眉毛胡子一把抓。

第二，要有计划地使用参考书。根据学习进度的不同，使用参考书的方式往往也是不同的。参考书最好的使用方式是与教学进度同步或者略微超前一些，这样可以提高课堂学习效率，并且使课堂学习更有针对性。

2016年甘肃高考理科状元李晓彤在谈到选择参考书时说：“我一般先翻一翻，如果里面的解题技巧比较多，并且让我大开眼界的话，那我肯定会买一本。”

名师细节指点

不能过度依赖参考书

参考书是拿来做参考、辅助你理解知识点的，所以绝对不能过度依赖参考书。在做题之前，一定要先思考，细致做答。只有在先做完题目之后再参阅答案，这样才能有进步。切不可把参考书当作课堂上的“小电脑”，应付作业时的“小助手”。

——云南省优秀教师　葛珊

006

提高做题速度就等同于提高分数

不少同学面临这样的问题：平时的解题速度就很慢，考试的时候就更慢了。怎样训练才能提高解题速度呢？的确，现在的考试不仅要考你会不会做题，而且要考你做得熟不熟、快不快。据全国著名应试辅导专家管卫东老师对一些综合性考试的调查统计，因为时间不够，导致学生直接丢失的分数达人均30分左右（全部科目）。很多学生都会因为时间问题导致大量丢分，比如完全没有时间做，或者因为时间紧做得不全……所以从这个角度讲，提高做题速度就等同于提高分数。

那么怎样才能在平时通过训练提高做题速度呢？大家不妨参看以下几种方法。

1. **限时练习法**。比如，做练习卷的时候，有一组10道的选择题，可以用闹钟根据自己的情况给自己设定下10分钟的做题时间，看自己能否在规定的时间内按要求完成。通过有意识的训练，对提高自己的做题速度是很有帮助的。

2. **分类对待法**。在做练习题时，要注意用不同的方法做不同类型的题目，这样可以在一定程度上提高做题速度。例如，在选择题训练上应该减少死记硬算，把思维和技巧摆在第一位。要充分利用题目和选项之间的暗示，多比较、少“计算”，比如使用特殊值的代入、选项的代入、多用排除法等。然后是简单题和中等题，我们要善于总结做题过程中的思维和做题步骤，把这些相似点总结出来，就可以应用到各个题型中从而节省时间。如理综的物理，几乎都是按照题目表述的步骤罗列表达式，然后联系求解即可得出结论。

3. **规范草稿。**在做题时强迫自己规范好草稿，不要东一块、西一块地乱写，最好能把草稿当成作业来写，这样做可以大大减少检查时花费的时间。

除了上述方法，我们还要熟记概念、公式，避免在考试的时候再次推导。同时在做题的过程中要提高书写速度，答题做到言简意赅，注意克服紧张不安的心理，保持良好心态。

·尖子生·
·对你说·

如何用好草稿纸

用好草稿纸其实很简单，关键是养成习惯。我用草稿纸时，在每个题的前面都写上题号，像作业一样。这样做题的时候我的思路是有条不紊的，我的态度是踏实的。不要小看这个细节，做好这一步在很大程度上可以使你的思路清晰。在做完第一遍回头检查时，一看草稿纸，那些认为一定不会出错的题就没必要再算一遍了，只对没把握的题目检查即可。若第二遍同第一遍一样那是最好了，若不同，你就可对照两遍做的仔细分析到底哪一步出错了。这样做省时省力，还能保证正确率。

——清华大学物理系　王帆

007 质量比数量更重要

对于中学生来说，即使不去主动找题做，仅仅是老师布置的作业，已可用“铺天盖地”来形容了。可为什么做了这么多题，大多数学生还是感觉收效甚微呢？这说明做题不仅仅是单纯的数量问题，质量也同样重要。天津高考文科状元王璇说：“要讲做题质量就要说到方法了。方法得当，做一道题可以顶得上别人做三道题。方法不当，做了三道题最多赶得上别人做一道题。效果差别是非常明显的。”

那么，怎样才能达到“一道题顶三道题”的良好效果呢？很多高考状元给出了以下几种方法。

1. **选题重质量，分清主次**。善于学习的同学在平时的做题过程中总是善于抓住主要信息。他们对某些题，如中考、高考真题会反复做，反复琢磨，仔细推敲而非眉毛胡子一把抓。而对于某些参考书上的某些题目大略一翻就过去了。尽管题目做得比较少，但是收到的效果却很好。

2. **不以量取胜，学会有选择做题**。“什么不会就做什么，什么会了就不做。”有些老师会这样告诉学生。但首先要明确哪些是自己不会做的。同学们在做完题目之后要善于从中发现问题，凡是自己做错了的题目绝对不能放过。针对自己的弱项下功夫，这样解题能力才能不断提高。

3. 做过的题目要整理，不时翻看。做题的过程也是寻求思路的过程，善于学习的同学会将做过的题目分门别类整理好，以便后来在复习中参看。当然，题目整理好了还要隔三岔五地看一看，才能达到“温故而知新”的良好效果。

谈到做题，2016年山东高考文科状元董晓梦是这样说的：“题太多了，做不完的，平时要多总结相同题型的题目，做笔记，整理错题本。沉溺‘题海’非常不可取，因为你高考绝对碰不上原题。”

·优等生·
·经验谈·

做好习题要“四选”

考前的卷子是做不完的，因此对待习题一定要有所选择。第一是选卷子。选择那些出题人比较权威或者题型与高考最相似的卷子。第二是选知识。面对不同科目的习题，要选出那些自己比较薄弱的科目的习题来做。第三是选题型。对于总是做错的题型要做单项重点训练。第四是选新题。做的题多了，肯定会碰上重复的题目，如果这个题目你已经做过，而且知道做这种题的思路，那就可以放弃不做。

——中国政法大学　张义

008 做对答案不是目的

有的同学在考试后会有这样的疑惑：上次这道题我明明做对了，为什么这次考试又错了呢？造成出错的原因有很多，而平时做题时只关注答案，未对题目进行深入的思考是其中的一个重要原因。你不妨回想一下是不是存在这种情况：在平时的练习中，一遇到解不出来的题目就往后翻答案，看完答案觉得自己能看明白，就认为自己会了，结果一到考试时却又不知所措。其实，在解习题的过程中领悟各种解题思路和方法才是做题的终极目的。

2003年河北高考理科状元池跃洁对此很有体会，她说：

尽管考试时结果对了就能得分，但在平时的练习中解答思路要比答案更重要。因为考试中那些题目的解答思想和方法，需要的恰恰是在做题过程中各种经验和教训的不断积累。所以大家一定要重视做题的过程，特别是在做题之后，要花一定的时间用于回顾。在思考的过程中，一定要问自己：为什么这个方法比较好？为什么我没有想到这个方法？以后在哪些情况下还可以用这样的方法？必要时，还需要拿一个小本子把那些自己觉得很有启发的思路和方法记在本子上，这比只阅读某些解题论文好多了。

池跃洁还补充说，当你在解答过程中学到一个新的方法的时候，最好让它成为你解题能力的一部分。以数学为例，比如求最值的方法，求角度、长度的常用方法，证明垂直的方法等，一旦把这些方法变成了你自己的方法，数学能力的提高也就是水到渠成的事了。

以707的高分成为2016年贵州理科裸分第一名的周炜迪说，他在做题时，也是更看重方法，“抓住每一类题目的要点，你就能总结出方法来，而这会成为你行之有效的经验”。

·尖子生·
·对你说·

切忌依赖计算器

我认为做题时一定不要使用计算器，除非是要进行对数、指数的运算。考试是不允许使用计算器的。如果你平时用惯了计算器，在考试中遇到较复杂的计算时，就很容易犯计算错误了。而且平时用惯了计算器，考试的时候没有，遇到不容易计算的题目势必会心理紧张，这样在计算错误上失分就太可惜了。所以同学们在平时就应该多注重对自己计算能力的训练，以免在考试时无谓丢分。

——北京师范大学化学学院　刘思

009 不能不说的“题海战术”

茫茫题海，题海无边。在一定程度上来说，题海战的目的就是为了应考，大搞题海战的确可以为同学们提供足够的做题经验与做题方式。针对题海战术，我们到底该采取什么样的态度呢？我们不妨听听三名优等生王凝、谭志宏、张之昊的建议。

王凝：考试要考好，最重要的是有自己的目标。比如我，很早之前就已定好了考北京大学的目标，然后根据这个目标再制订学习方案。我觉得在做题方面一定要做大量的题，这是基础，只有做多了题才能从中找到规律。我在高一、高二的时候做了很多的题目，后来就慢慢减少。这是因为通过做题总结了大量的方法，以后就可以直接拿这些方法来解决一般的题目。

谭志宏：我也赞同题海战术。高三之前做很多的题目，从感性的材料得到理性的认识，总结出规律。但是到了考试的最后一段时间，做太多的题就会比较迷茫，应该多归纳、总结。例如数学、语文到了高考前基本上水平已经稳定了，更应该进行总结，多看看自己以前做过的题和在题目中经常犯的错误，这样就有个借鉴，等到考试的时候心中会更有把握。

张之昊：我也会多做题，但我觉得不要死做题，应该做一段时间就停下来，让题目在脑子中酝酿、发酵，达到高层次的意境。通过对题目的不断反思、不断总结才能从做题中得出规律。否则一味地做题只会陷入“题海”中挣扎不出来，收效甚微。

最后，三位同学提醒大家的是，一定要根据自己的实际情况来选择要不要进入题海。对于那些基础薄弱的同学，掌握课本的典型题目才是最重要的。

名师关键提示

如何归纳解题方法

谈到如何归纳解题方法的问题，大家可从两个方面入手，一是归纳学科的思想方法，二是归纳重要题型的解题方法。首先大家应重视对学科思想的理解及运用，如数学中的函数思想、方程思想、数形结合的思想、分类讨论思想、化归思想、运动观点等。其次大家要熟练掌握每一种方法的实质、解题步骤和适用的题型。做题时，要注意题与题之间的联系，在做到相似的题目时，要通过比较发现规律。当然，大家还要注意典型方法的适用范围和使用条件，避免生硬套用形式，导致错误。

——广州市优秀教师　武瑞恒

010 难题、怪题要少做

谈到难题，大家都不陌生。难题是指那些同学们不易解答的问题，一般在高考中占10%的比例。对于一般同学来说，花很多精力在难题上面是得不偿失的，因为它所占的分值少，却耗费了大家大量的宝贵时间。而且如果你对中档题掌握得够好的话，就很有可能把难题做好，至少可以得一部分分数。那么针对难题和偏题我们该采取怎样的态度呢？

2007年浙江高考理科状元张琛谈到了他的经验，他说：

> 难题、怪题我很少做，因为要是没有基础的话，解答好难题就成了无稽之谈。很难想象一个基础不怎么样的学生会把难题做好。还有就是，在我仔细分析了近几年的高考试题后，我发觉其中根本就没有什么偏题、怪题。有的同学抱着一种侥幸的心理：我练习一下怪题、偏题，要是高考中碰巧遇到了，那我就占便宜了。在这种侥幸心理的驱动下，有的同学舍本逐末，丢掉了基础知识，陷进了“钻牛角尖”的歧途。

在张琛看来，只有充分重视基础题，在平时的练习中通过做一定数量的基础题，达到对定义、定理、公式的熟悉，并掌握做题的基本方法和技巧，才能做好难题。而理解一个概念、练习一道题目不从最基本的角度入手，在实际中很可能会解开一两道解法特殊的题目，但却很容易在大量的普通题上丢分。而普通题在考试中占了大部分分值。因此这样看来，一味地追求难题是不利于成绩提高的。另外，若坚持做难题和偏题，又经常做错，久而久之就可能会失去答题的信心，此外也会浪费掉自己宝贵的学习时间。

2016年湖北高考理科状元梅知雨也认为，应该更注重基础而不是尖、难、偏的东西，基础的东西在高考中的分值要远远大于难题分值，所以，跟紧老师的复习计划，把课本基础知识掌握好是很重要的。

高效做题锦囊

做题要做到以少胜多

选做难题要从自己的实际学习情况出发，做题最好在老师的指导下由浅入深、由易到难、循序渐进，这样才能少走弯路。此外课本中习题和课外练习题中都有一部分难题，大家也可以拿来做做。但是我们所选择的难题应该紧密结合课本知识，不能有所偏离。难题浩如烟海，不可能全都做完。在做难题时，要更加注意总结解题思路和方法，比如，总结某种类型的题目是如何解答、容易发生什么错误、哪种解法简捷等，这样便可以少胜多。

011 做练习题要有方法

练习是学习过程的一个重要环节。通过做题，可以检验自己的学习效果。一个学生，如果做题做得很顺利，可以在一定程度上说明他预习、上课和课后复习的效果是好的；相反，则说明他对知识没有真正理解。

物理满分、数学119分、化学79分，中考总分564分，当这一连串的分数出现在同一个人身上时，你不禁感叹，这是一位成绩多么优秀的学生啊！作为北京市崇文区2009年中考状元，徐竞然认为自己不是那种对理科领悟能力特别强的学生，因此她在理科的学习上，主要采取的是“做题+总结”的方法。对做过的题，尤其是错题、典型题、相似题，她都会及时进行整理，检查出自己的薄弱环节，总结相似题型的规律，而不是盲目地做大量的新题。这样就能保证做过一类题型，就掌握了一类方法，积累下来，学到的知识自然越来越多、越来越扎实。在紧跟老师讲课思路的同时，徐竞然也会认真分析自身的学习情况，根据自己一段时间以来的学习情况，花一些时间做额外的题，有针对性地加强训练。初三阶段的作业很多，完成作业后，如果还要做些额外的题，她一般也不会超过半小时。她认为保证学习效率、掌握正确的做题方法最重要。

确实如此，做题就要像徐竞然同学一样，要讲究方法。有方法，做一道题顶得上别人做三道题；无方法，做了三道题才顶得上别人做一道题。一位一线老师曾总结出了做题的三项基本原则，很多同学反映，按照这个方法做题，做题质量确实得到了提高。

三项原则的具体内容如下：

1. **不要对所有的题一视同仁。**善于学习的同学善于抓住重要的信息，他们对某些题如中考题会做了又做，反复琢磨。而不善于学习的同学往往眉毛胡子一把抓，一视同仁，中考题做一遍，一般考卷的题也做一遍。尽管题没少做，但效果却未必好。

2. **做过的题要整理。**善于学习的同学会很珍惜自己做过的题，他们知道，这也是自己的劳动果实。他们会分门别类地将自己的作业整理成册。

3. **整理后的作业要不时翻看。**作业整理好了，应该如同课本一样置于案头，不时翻看。否则整理得再好，又有什么意义呢？

·高效·
·做题·
·锦囊·

做题时要规范和准确

做题的关键是要保证规范、准确。要做到这两点，我们就必须严格按照各类题的解题要求，仔细演算每一步，得出正确的结果。只有平时做题认真细致、步骤完整、思路正确、表述严密，考试时才能按照这种良好的习惯进行。

012 练习题要精选精做

对于深陷“题海战术”而不能自拔的同学来说，要记住一句话：题贵精而不在多。没有质量，做再多的练习题也没用。也就是说，做练习题要善于精选、精做。

2005年黑龙江高考理科状元刘诗泽说：“怎样去精选练习题，我可以提供两条思路：第一，往年的高考题。我认为高考题的思路是最正的，它不会把你的思路引偏，每年考查的方向也基本差不多，都是基础知识，不会出那种太偏太难的题让你去做。高考题给你指明的是方向，告诉你应该往哪个方向努力，哪些知识点应该掌握，这些都是其他练习册无法告诉你的。第二，从模拟试题里挑题。高三下半年，老师会发全国各地的模拟卷，你根本就不可能把它们全部做完，这个时候就只能从卷子里挑题做。有的题在脑海里想一想就可以了，不用写在卷子上，比如古诗鉴赏、现代文阅读等，最后再和答案进行对比。”

在做练习题时，采取精选、精做的原则，然后每做完一道题后，花一定的时间去回顾刚才所采用的思路、方式以及在思考的过程中遇到的障碍，一定能收到良好的效果。具体来说，在做练习题时还要注意下面

6个问题：

（1）想一想，该题考查什么知识点？

（2）回忆一下，以前是否碰到过类似的题？

（3）此类题通常采用哪种可行方法？基本思路如何？思考如何寻找其突破点。

（4）反思推导过程是否合理，逻辑是否严密，所考虑的情况是否全面等。

（5）检查得到的结论是否合乎逻辑，与预期的结果相差大不大。

（6）总结此题是否有价值，有什么价值。将对自己日后有帮助的部分记牢，以便提高自己的解题能力和反应速度。

·高效·
·做题·
·锦囊·

先构思，再做题

写作文要构思，动手解题之前，也需要先动脑筋构思，而且必不可少。构思的任务，就是想好解题的思路、步骤、方法。比如一道政治题或历史题，应当从哪几个方面去回答，先回答什么，再回答什么；比如数学题，第一步求什么，第二步求什么，都要先想好。想好以后再动手去做，就能较快较顺利地完成。做题时，要求按各学科的格式去做，要逐步摸清不同学科、不同类型的题目审题的具体步骤和要求、方法。

013 从基础题目做起

做练习题时还有一个问题值得同学们注意：一定要重视基础题目，不要在偏题、怪题上花太多的时间。

有的同学总喜欢去钻难题、偏题、怪题，认为把这些题攻下了，其他的就会迎刃而解。事实上，只有通过做一定数目的基础题，熟悉了定义、定理、公式，掌握了解题的基本方法和技巧，才能做好难题。这恐怕就是状元与普通考生之间的一个区别所在吧。

理解一个概念、练习一道题目，不从一个平常的角度入手，而是以比较偏的角度入手，在实际的考试中可能可以解开一两道特殊的题目，却很容易在大量的普通题上丢分。因此，对于练习题中的难题不要轻易地放弃，但是也不要在难题上“钻牛角尖”，不要在偏题、怪题上浪费时间。

2005年浙江高考文科状元徐语婧说，其实普通解题法也涵盖着很多技巧性的方法。通过在普通解题法中总结这些技巧，就可以解答更多的题目。需要提醒大家的是，在做题的时候要特别注意克服头脑中已经形成的“定式思维”。普通解题法也是需要灵活运用而不是搬来就用的。

第二章

解题能力
——拓宽思路和提高效率的妙方

谈到做题经验，优等生们都有一套自己的方法，而且这些方法大多是他们通过平时的做题总结出来的。简而言之，他们善用联系，能在做题中做到思考、归纳、总结相结合，做一道题是一道题，题题都有收获，解题能力从而得到大幅度的提高。反之，有的同学只是一味地闷着头做题，从不总结经验教训，或者总是追求做题的数量带给自己的满足感，却从不停下笔来想一想，自己从这些题目中究竟获得了什么解题思路与解题方法。其实从质量上来说，这样做100道也不及优等生们做10道题。所以，做题的最终目的还是要在解题中学会解题。本章围绕拓宽解题思路和提高做题效率两方面，为大家总结了许多不错的学习方法，相信这些方法一定能带领大家登上提高解题能力的新台阶。

014 主动寻求解题思路

解题思路是解题的指导思想，是做对题目的首要条件。思路对了，那么这道题目也就能迎刃而解了。所以同学们在做题时，首先要学会积极地寻求解题思路，这其实就是一种最基本的解题能力。

在做题中需要开动脑筋，主动寻求解题思路，这是2005年山西高考理科状元陈敏在实践中摸索出来的，她说：

在学习过程中，我曾经有过这样的经历，有时一道题目一时找不到思路，就迫不及待地去翻看答案，对答案的依赖性非常强。但是过几天再做这道题，还是无从下手。我觉得出现这种情况的原因是我对这道题的接受是一个被动的过程，在这个过程中我只机械地看到了具体解题过程，并没有真正理解解题思路。而解题思路是需要主动寻求、主动探索的，这样才能加深对解题方法的印象。

陈敏总结说，主动寻求解题思路强调从简单习题入手，因为做简单的习题会比较轻松一些，简单题做好之后再由浅入深。当在练习过程中遇到难一点的题目时，要有意识地强迫自己不看答案、不求助于别人，而是静下心来，积极调动自己的大脑知识库，主动寻求解题思路。若在寻求的过程中遇到困难，还可以把自己已有的思路一步步写出来，从而启发自己找到解题的钥匙。这样通过由浅入深的训练，加上对常见题型的分析，再见到习题时就会在第一时间反应出该题所考查的知识点。而且这样做的另一个好处是，主动求解一道题目比被动接受十道题更有效。比如，数学学习中比较典型的双曲线类题目，很多同学都认为比较难，经常感觉无从下手。实际上，双曲线类题目有很多比较典型的解题方法，如果遇到题目能够主动思考，往往会有举一反三的效果。

名师关键提示

思路可以这样找

先认真读题，弄清楚已知是什么，未知是什么。在读已知条件时，有些“条件反射性”的结论在读题的时候可能就随之产生了。而在读完题目后，已知条件在大脑里面应该已经有了大致印象，就可以开始思考这样一些问题：未知与已知可以直接发生联系吗？如果不能，就要思考要解决问题还缺什么量？缺少的这个量可以由已知条件直接导出吗？如果不能，需要对已知条件做怎样的处理？或者还需要借助于哪些已知的定理和公式来解决？在考试的过程中，如果这一切都尝试过后还没有思路，就要先放一放。但是，如果是在平常的解题过程中，则需要再回头审题，直至寻求到思路为止。

——山西省优秀数学教师　陈桂萍

015 培养自己的发散性思维

有些同学难免会有这样的疑惑："我和另外一个同学在这一学科上基础都比较好，为什么他的解题思路比较宽阔，而我的却很狭窄呢？"出现这种情况的原因是：你们的发散性思维或"求异"思维相差很大。在解题上，发散性思维发达的人，思路往往比较开阔；反之，则思路比较窄，遇到题目稍有变化便不知该怎么办了。

那么，怎样培养自己的发散性思维呢？一般来说，大家应注意以下几个方面。

（1）不仅要熟悉知识的纵向联系，而且要熟悉知识的横向联系、逆向联系，达到"信手拈来，呼之即出"的程度。曾经有一个数学解题能力很强的同学，他能够不经计算而说出1至25的平方数，能够迅速说出立体几何中求异面直线距离的6种方法。正是由于他对知识间纵、横、逆向联系了如指掌，所以能举一反三，由少见多。

（2）为了使自己具备举一反三、触类旁通的能力，大家应该经常对自己进行开阔思维的训练。大致有以下两个方面：①把问题倒过来想一想：如$a+b=1$是$(a+b)^2=1$的充分条件，反过来，$(a+b)^2=1$是$a+b=1$的什么条件？②举出所有的例子，如举出化学中所有遇到钡离子生成沉淀的离子的检验方法。

（3）不仅要会做题，还要努力探索题目是怎样编拟出来的。这样不仅可以打破题目的神秘感，还可以熟悉解题途径。同时，大家还可以将一些基本问题变换形式编题，以提高自己的灵活变通能力。这样，将一类基本问题的各种变式搞清楚，比套用某种常规解法解数十道题的益处会大得多。

思维开阔了，解题路子也就多了，这对提高大家的解题速度是非常有益的。

·优秀教师·
·对你说·

发散性思维重在转化

问题解决的过程，实质上就是一种思维活动的转化过程。特别是理科的一些综合性的问题，常常用到化归与转化的思想，它是分析、解决问题的有效途径，也是最基本、最常用、最重要的思想方法。通常有未知向已知转化，复杂向简单转化，抽象向直观转化，一般与特殊转化，正面向反面转化等。通过问题的化归与转化，极容易开阔自己的思维，寻找到正确答案。

——上海市奉贤中学数学组教师　宋林荣

016 提高做题效果的三种好方法

做题是运用所学知识解决问题、提高学习技能的过程，所以我们每做一道题都应该有收获。做题也应该是有计划的，比如什么时候做题最有效，做每一道题控制在多长时间，做完题后要达到怎样的学习效果，等等。如果每次做题只是心血来潮，不问结果，那么不但起不到学习的作用，反而会白白浪费很多学习时间。

那么我们怎样才能提高做题的效果呢？大家不妨参照一下优秀教师介绍的好方法。

1. **做题步骤一定要清楚。**不少同学在做题时不注意这一点，认为只要结果正确就行。在做练习时，他们往往为了节省时间，就认为一些步骤可有可无，有意忽略了这些步骤。但是考试时，一些大的计算题、文字题、证明题都是按步骤给分的，在答案中该出现的步骤没有出现，就不能得分。所以，这就要求我们平时做题时一定要特别注意步骤的规范问题。

2. **争取一遍就做对。**我们在平时做题时，要努力做到一次成功，而不要总是等着重新检查的时候再去发现自己的错误。每道题只做一次，这种好的做题习惯，在考试的时候尤其能够发挥巨大作用。因为在考试的过程中，再回头检查的概率是很小的，争取一遍就做对，对提高自己的得分是非常有必要的。北京大学附中的优秀学生胡波同学曾经深有体会地说："做练习和考试一样，考试就和平时的练习一样。"这"两个一样"告诉我们做作业时应该不粗心、不马虎，要求自己一次就做对。

3. 做题做到熟练。现在，为数不少的同学在学习过程中，满足于"已经懂了""这样的题已经做过了"，而很少再去追问自己：理解得深不深？做题的速度够不够快？准确性如何？考试时，收卷的铃声响了，有些同学连题都没有做完，更别说检查了。为了提高自己的解题能力，大家在平时做练习的时候就应该在解题的熟练程度上多下功夫。

高效做题锦囊

答题要规范

有的同学题题会做，题题却被扣分。出现这种情况的原因多为答题不规范、抓不住得分要点、思维不严密。这与同学们平时只顾做题，不注意归纳总结有关。建议这部分同学在平时多做一些试卷，并且自己评分，吃透评分标准，严格要求自己，力争做到计算严密、书写规范、推理严谨，改掉自己不良的做题习惯，减少无谓的失分。记住：考试不仅考你会不会，而且是考你对不对。

017 善用“联系法”巧做题

有些同学在看到一些难题或者陌生题时，感觉根本无从下手，更别提什么解题思路了。出现这种情况的一个很关键的原因，就是这些同学平时不善于前思后想，对知识进行合理的联系。会不会联系知识，这对解题能否成功起到很大作用。这就犹如一个大图书馆，如果图书乱七八糟、毫无次序地堆放在那里（无联系），要用哪一本书都无处寻找；如果分门别类，有系统、有条理地排列起来（联系），就可以随用随取，十分方便。同样的道理用到解题过程中，就需要大家多注意知识的联系。

例如，在一道化学练习题中给出这样的条件：“已知30℃时，氯酸钾的溶解度是10克……”这时，如果你能联系起溶解度的概念，就可以得出30℃时的氯酸钾饱和溶液的溶液、溶剂和溶质之间的质量比为110∶100∶10。如果学过质量百分比浓度的话，又能立刻联系起百分比浓度的知识，计算出30℃时饱和溶液的质量百分比浓度是10／110×100％。如果再知道溶液密度的话，还可以计算出物质的量浓度和当量浓度。

那么该从哪些方面去实现知识间的联系呢？大家不妨参考一些尖子生的3点经验。

1. **题目中各个部分的联系。**如果能把题目的各个部分有机联系起来，那么只要抓住了关键部分，就可以使问题一一得到解决。如几何中常用的综合法和分析法，就是把已知和未知一步步联系起来的解题法。

2. **概念和原理的联系。**只要对与习题相关的概念和原理领会得深刻、记忆得牢固，就可以从习题的已知条件中引出很多条件，使问题迎刃而解。

3. **解题方法的联系。**如果能联系起过去解题时用过的思路和方法，就可以把不熟悉的题目转化为熟悉的题目，从而找出共同点，解题时就有章可循了。这需要我们在平时做作业的时候就要对解题方法进行归类整理。

此外，对于那些比较复杂的题目，我们可以把审题的过程画成简图，这样在分析问题、寻找联系点的时候就更加方便、快捷。通过对题目的拆分和改造，解题思路也就有了。

·优秀教师·
·对你说·

从典型题中吸取经验

考生应着重做三件事情。一是每做一份卷子，都该问一下自己，错在哪儿了？导致错误的原因是什么？通过这样细致的排查来寻找知识的缺陷，也会形成较深刻的印象。二是学会对典型试题的拆分和组合，学会从多角度、多侧面来分析和解决典型试题，从中抽出基本图形和基本规律方法，因此做好解题方法的小结和编好错题本就显得很重要。三是结合各类题的特点进行专项针对性训练，多与老师和同学交流、沟通，汲取他人智慧，节约时间，提高答题速度和质量，提高应变能力。

——哈尔滨市第69中学数学高级教师　刘笑男

018 解题的根基——普通解题法

一线教师认为，考高分的同学大多都很注重基本的解题方法。分析现在各类题目在考试中所占的比重就会发现，基础题和中档题是占绝大部分分数的题目。所以，我们在解题时应该从基本方法入手，更多地关注普通解题法。

2005年浙江高考文科状元徐语婧对此很有感触，她说：

以前我的数学成绩也不是很好，我总结每次的考试过程发现，考得不好的原因是因为基础题错得比较多。所以我想应该重视基础题的解题法，就总结出了普通解题法。以数学为例，数学的学习就是如何解出每一道数学题。关注通法，对于文科学生来说尤为重要。老师在上课的时候本身就会比较注重基础，他首先讲的可能就是通法，那么这个时候就必须把老师讲的例题记下来，然后对这个解题思路加以领悟。课后最好再选一些类似的题目做一做，以便熟能生巧。举个例子来说吧，解析几何对于文科生来说，由于是数形结合的一类题目，一般同学都会觉得比较难。解答这类几何题的通法就是把两个函数解析式联系起来，虽然有时候可能计算会比较麻烦，但是都能做得出来。

最后徐语婧补充说，其实普通解题法也涵盖了很多技巧性的方法。通过在普通解题法中总结这些技巧，就可以解答更多的题目。

需要提醒大家的是，在做题的时候要特别注意克服头脑中已经形成的“定式思维”。普通解题法也是需要灵活运用而不是搬来就用的。在解题的过程中，有些同学往往拿起题目就先想和哪道例题或哪道做过的题目相似，然后就机械模仿那道题的解法来解，殊不知，这样硬套很容易出现失误。

2015年四川高考文科状元万妙然认为，一定要注重基础，有了基础，才会在考试的时候不掉入陷阱，对于基础题，宁可慢一点，也尽量不要做错。

名师关键提示

从习题中找方法

对于习题，我们不能做完就了事。哪怕它再简单，我们在做完后也要进行深层次的考察，尽量多找出几种解法，并分析每种解法的优势和劣势。最重要的是要能够分析出各种解法和题干之间的内在联系。对一些自己认为是非常好的解法，我们应该将它记下来，必要时拿出来翻看。另外，我们应将注意力放在解题的通性通法上面，对那些极其特殊的解题方法，我们浅尝辄止即可。

——湖北武汉市优秀教师　秦长江

019 运用多种形式进行综合练习

综合练习不仅要求有一定的做题量，还要求根据不同学科进行符合学科特点的练习。例如，物理、化学、生物要求进行实验训练；地理、几何要求进行绘图训练；外语要求进行口语会话训练；作文则是语文综合练习的好形式。

在针对各科做题的过程中，我们也可以选择不同的形式对自己进行综合训练，这对提高自己的解题能力是非常有帮助的。如尖子生推荐的以下几种方法。

多题一解。通过一个题目归纳出该类型题目的解题规律，然后应用这一规律去解答该类型的其他题目。如有的同学从化学中有关气体反应体积的变化这一类型题目的计算，归纳出“顺序推理”的方法。就是研究开始反应的体积，反应中变化的体积，然后从中找出它们之间的关系。在反应中，增加体积为“+”，减少体积为“-”，反应后的体积是开始体积和变化体积的代数和。然后运用这一规律去解答该类型的其他题目。

一题多解。对同一个题运用多种途径，找出多种解法。

一题多用。就是把求得的结果，作为已知条件，然后把某个已知条件改为所求的问题，再进行分析解答。

一题多变。把题目中的某个术语或重要语句换成其他的术语或语句，然后进行解答。

一题多练。对一些较难的题目从多方面进行练习，如画线段图、文字分析、列式解答、验算等，把题目彻底弄明白。

总之，通过以上几种方法对题目进行综合性的练习，可从中检验出自己对已学过的知识的理解与掌握的程度，这比盲目解题效果要好得多。另外，对题目进行多种形式的练习，也是提高大家解题能力的有效方法。

·尖子生·
·对你说·

且做且思

做题时，即使没有做出来，整个思维过程也是有价值的。因为做不出来的题往往综合性比较强，能力性也较强，对解题者连续发散思维的要求较高，所以大家往往会有一个长时间的探索过程。在整个探索过程中，大家不断寻找突破口，不断碰壁，不断调整思维方法，不断进展。与此同时，也将自己所学到的不少知识、技巧试用了一番，起到了很好的复习效果。另外也为自己下一步的学习起到了很好的指引作用。

——清华大学机械工程学院　任可

020 让你打胜仗的“一题多解”

一题多解要求解题时不仅仅局限于一两种解法，而是发散思维积极寻求更多的解法。一题多解的价值在理科类的科目中表现得最为明显。通过一题多解，大家可以在更高的层次上更富有创造力地去学习、摸索、总结，使自己的解题能力更胜一筹。

如下面的一道题目：

一个体积为$0.5dm^3$的铁球，其质量是1.58kg，问它是空心的还是实心的？（已知铁的密度为$7.9\times10^3kg/m^3$）

方法一：已知铁球的质量和密度，可以计算出1.58kg铁的体积V，根据V与$0.5dm^3$是否相等得出结论。

方法二：已知铁球的体积和铁的密度，则可以假设该球为实心的球，计算出其质量m，根据m是否等于铁球的质量得出结论。

方法三：已知铁球的体积和质量，则可以假设该球为实心的球，计算出其密度ρ，由ρ是否等于铁的密度得出结论。

以上解法中，方法一属于常规性思维，大家都能想到；而方法二和方法三看似简单，却隐含着一种发散思想——先假设后论证。这有助于提高大家的发散思维能力。

谈到一题多解，2005年安徽高考理科状元耿泉说："要想提高自己的做题能力和学习效率，就要学会练习一题多解，这是理科练习中最常用的训练方法。这种方法不仅能牢靠地掌握和运用所学知识，而且通过一题多解、分析比较，能够寻找解题的最佳途径和方法，培养自己的创造性思维能力。适当增加一些一题多解的练习题，对巩固知识、增强理解能力和提高学习成绩是大有益处的。这就好比战士的手中有了更多的武器，这样打仗取胜的希望就大多了。所以大家在平时做题的时候就要格外注意知识之间的联系，掌握好基础知识和基本的解题能力。"

·优等生·
·经验谈·

从基础着手

一题多解，需要的是解题经验和扎实的基础。而要做好这两方面可以通过不断地积累和总结来进行突破。在平时的训练中，大家要特别注意对基础知识应用的总结，在笔记本上记录知识点对应的用法，以及是在什么样的类型题目中出现的。另外，大家可以在笔记本上摘抄一些"典型图""典型例题"，并注上一些常用的、有用的结论。在大家采取了这一系列围绕"增加积累"与"重视总结"的做法后，我们的一题多解能力就会有大幅度的提高了。

——北京理工大学化工学院　吴盛宏

021 做综合题需要综合能力

不少同学会问："为什么这道题目放在章节里我做得比较顺手，但放到综合题中时，我却不知如何下手了呢？"也有的同学会问："我在章节考试里总是得高分，为什么综合考试时却不尽如人意呢？"以上两种情况都和综合能力有关。考试题有一大部分并不是只考单一的知识点，而是会把几个知识点串在一起，考查你的综合运用能力。这就需要我们在精通每个知识点的同时，学会触类旁通，灵活解答综合类题型。

对此，2004年江苏高考理科状元钱亮提出了以下建议。

对单一的知识点要非常熟练。某单一知识点，它的条件，它的适应范围，它应用到题目中会得出什么样的结果，这些结果在哪些计算中会用到，我们都要做到心中有数。做综合题的时候，这些知识点就像你解题的工具一样，解题的过程也就是不断摸索哪些工具适合的过程。如果这些工具你已经运用熟练，综合题就会在工具的组合运用下迎刃而解。相反，知识点掌握得不熟练，运用起来就会格外吃力，对待综合题也就无从下手了。

因此，大家的习题训练应该有一个完整的系统，根据教材知识与能力训练的要求，将不同内容、不同知识层次的习题分门别类，有计划地做一个合理的安排。

2016年甘肃高考理科状元胡明源说，对待综合题，除了审好题之外，把题中已知条件全列出来，大胆猜想，思考各条件之间的联系，做完上述步骤之后，基本上这道题怎么做，你就心中有数了。

·尖子生·
·对你说·

题型模块总结法

大家在做了一定量的同一单元的题目后，要及时归纳题型的种类。总结这类题型的大体思路及应用到的解法等，形成这一题型的模块总结。还要善于发现这类题中个别的“陷阱题”，并对“陷阱题”进行归纳，总结出注意事项，避免自己在做此类题目的时候犯同样的错误。在解答综合题时，遇到此类题目就要用这套题的“解法+注意事项”去解题了。经过这样的练习，不管题目是在章节里出现还是在综合题里出现，我们就不会轻易出错了。

——浙江大学工商系　刘思睿

022 遇到难题要会“三想”

▶▶▶

难题是我们做题过程中难啃的“硬骨头”，很多同学在难题面前会感到束手无策。其实一道难题摆在你面前，你首先要做的便是思考。思考什么呢？无非是分析难在哪里，并寻求解题思路和解决办法。

从大大小小的考试中我们不难发现，一道难题之所以难，不外乎下列原因：题目看不透、审不清，关键词语理解不足，已知条件不明白，解题所用的各种知识在头脑中“再现”不出来。有的同学对直接应用基础知识解决的题能很快做出来，而对“绕弯子”的题就一时难以找到头绪。

由此我们可以看到，解决难题其实没有什么“诀窍”。最根本的方法还是要在平时训练的时候就脚踏实地加强基本功训练。那么除了打好学习基础外，还有其他应对难题的好方法吗？大家不妨学会 “三想”。

1. 回想。题目涉及什么主要概念？它的定义是什么？与题目求解有关系的公式、定理又是什么？回想一下在你自己的知识仓库里，是否储存过这些定义、公式、定理？能否直接运用这些定义、公式、定理？

2. **联想**。如果直接套用现成知识解决不了问题，就必须进行联想。根据题意，在你的知识仓库里找出与题目很接近的或很相似的原理、结论或命题来，并变通使用这些知识，看能否解决问题。

3. **猜想**。如果经过联想仍然解决不了问题，不妨进行大胆猜想。如果你不能找到解决问题的途径、原则和方法，就要去选择一些虽然不能完全正确地去解决问题，但却接近于解决问题的途径、原则和方法，这就是提出猜想。

相信经过“回想”“联想”“猜想”后，再回过头去看难题，也就容易找到解题思路了。

2016年以优异成绩考入清华大学的毛怡欢说：“如果在考场上碰到难题，一定不要给自己太大压力，应该想只要自己能把会做的题目都做对了就是成功。考场上调整好心态也很重要。”

·尖子生·
·对你说·

如何对付难题

考卷中的难题一般是每种题型的最后两个。从根本上来说，难题之所以难就是因为它不符合常规。如果你能将特例变为常见题型，那么就离突破口不远了。与此同时我们要“步步紧逼，分分不丢”，这能避免你做那些不得分的无用功，同时节省出宝贵的考试时间。

——北京大学工学院　梁奇

023 活用考试真题，培养解题深度

优秀学生王建国说，考试前他会找出历年的考试真题进行研究，一次性做八九套，专门找类似题型，做完后总结找规律。遇到自己迷惑的地方，他会立刻对照书本，找到所考查的知识点，并结合参考答案进行分析。通过这一做法，王建国取得了很好的学习效果。

王建国补充说，做真题也是要讲方法的，不能埋头瞎做。我们来看看他是怎样做真题的：

1. **整合做**。我们可以将做真题当成做模拟试卷，一科一科做。做题时可以限定时间，计算出自己能得多少分，以检查自己对知识的掌握程度。

2. **拆开做**。将历年来某一类题目，或者是某一部分知识内容的题集中在一起单独做。这种做题法可以帮助我们了解某一类题目的命题特点和出题趋势。

3. **前后颠倒做**。可以先从前几年的题目做到最近一年，也可以先熟悉最近一年的考题，再做以前的题。这样便于看出历年来试卷的变化情况。

4. 分类对待做。 做完一套题目后，从头校对一遍答案，同时分析各个题目。比如：一般的、自己没有做错的题目，不用再理会；自己做对了，但是题目设计得很值得研究的，可以在题目序号处做个“R”；由于题目的小陷阱或是自己的思路有误而做错的题目，可以打个“F”；那些自己没有思路，叫自己一筹莫展的题目，打个“D”。这样就可以对各类题目分别对待，把不熟的做熟，把不会的做会。

虽然考过的题目不可能再考了，但是通过做以前的真题，就可以清楚地发现考题到底在考什么。明白了考什么，用哪种题型考哪个知识点，自己就能够更有针对性地做题，这对深层次提高解题能力是大有好处的。

·优等生·
·经验谈·

做真题的正确时间

真题的价值是不言而喻的，但是真题用得过早，就不能发挥真题的功效。那么，什么时候才是做真题的最佳时机呢？对于基础差的同学来说，真题可放在总复习结束以后。因为基础打不牢的话，做真题就等于浪费。基础好的同学做真题的时间可适当往前一点，比如觉得自己的基础已经很扎实了，解答一般或者稍微有变化的题目能游刃有余了，那么就可以好好开始研究真题了。在做真题时，要多注意总结方法，并加强对出题人出题思路的研究，为考试做好准备。

——清华大学经济管理学院　徐欣

024 如何提高综合解题能力

现在，大多数学校在学完某一章节或某几个章节后，都会有一次随堂考。但是章节考试得高分，综合考试却不行的现象相当普遍。要知道，考试考的就是综合能力，分开了都知道，合在一起就傻眼是无法取得好成绩的。

2008年北京高考文科状元丁艺莎说：“不管是我们平时做的测验卷，还是高考题，有很大一部分并不是只考单一的知识点，而是会将多个知识点融合在一起，考查你的综合能力。所以，我们在平时的练习中就要特别注意加强综合解题能力，更灵活地去学习。”

那么，如何才能提高综合解题能力呢？经验丰富的一线教师有以下建议：

要善于总结做过的综合题，理清它的思路。大致的思路可用一句话来概括：问什么想什么，缺什么找什么。顺序分三种：正推、逆推、两头推。也就是从条件入手，从结论入手，或从条件和结论同时入手。

2016年四川高考理科状元谢畅说："我解题的方法并不奇特，在没有思路时，我会先画个草图，按照草图思考几秒钟，一般问题都会迎刃而解。"

高效做题锦囊

习题训练应有一个完整的系统

同学们的习题训练应有一个完整的系统。不仅要求对本学科各学习阶段的习题训练内容能统筹安排，而且应根据教材及知识与能力训练的要求，将不同内容、不同知识层次、不同个性的习题分门别类，有计划地安排在不同的学习阶段进行系统化的训练，以避免因练习内容的选择漫无系统而造成重复的无效训练或遗留技能训练的漏洞。

025 做考试真题让你事半功倍

提高自己的应试能力，还有一个秘诀就是做真题。我们备考时可以把考纲、教材主干知识、真题三者相结合进行复习，特别是多做考试真题。考过的题目虽然不可能再考了，但是看看以前的考题到底在考什么，明白了考什么，用哪种题型考哪个知识点，自己就能够有针对性地进行复习。

以优异成绩考入北京大学的易萌同学说：

在高考复习期间，我将近年高考题的分类汇编做了三遍。在第一轮复习时，随着老师的复习进度将分类汇编中的大部分题目做一遍（15分钟内没有思路的解答题除外）。在对答案之后将错题与做着不顺手、方法很烦琐的题目标上记号，并在改错本上改错。这样在做其他题集时若遇上相似题目就能以高考真题为母本举一反三，逐渐形成解题思路。第二遍做题在第二轮复习接近尾声时。由于在第二轮复习中已做过一些模拟题和拔高题，解题能力已有一定提高，这一遍主要集中攻克第一遍空着的较难解答的题目，同时重做一遍做了标记的题目，着重攻克自身弱项。我自己的弱项是解析几何，因此每天用一个多小时专做解析难题。最后一遍在高考前15天左右，将前一年的各地考题做了一遍，并将标记题中的典型题对照改错本复习一遍。另一方面对照考试说明，熟悉一下本地高考的出题思路。这时要绕开难题、偏题与怪题，侧重基础题的保温练习。

2016年刚考上清华大学的黄家琪认为，往年的高考题一般质量都比较高，常做这类题目，你就能猜想到出题人是怎么想的，他想考什么，这能使你在看课本时有所侧重。

·名师·细节·指点·

计算要心笔结合

平时做题时，很多同学喜欢心算，觉得这样做题速度快，其实只靠心算是很容易出现差错的。正确的做法是心算、笔算相结合（除非是1+1=2这种题目）。而且近年来考纲对计算能力的要求比较高，肯定要出一些计算题进行考核，所以大家最好能养成心算、笔算相结合的这种好习惯。尤其需要注意的是，做填空题时计算更要仔细。因为填空题是无计算过程的，计算中的任何错误，都会导致你失去分数。

——黑龙江省优秀教师　欧阳正

026 从“做例题”到“背例题”

许多考试题目都是取材于课本的例题，对例题进行简单改造而成。比如把这个题的结论作为已知条件，把原来的已知条件作为新题目的结论；或者什么都不变，但是不直接给出已知条件，而是用委婉的方法告诉你已知条件，这样就创造了一个新题目。即使是综合题，也是由若干个基础题的整合加工而成。

因此，提高做题能力，最简单也是最有效的方法，就是熟记课本中的例题。不仅要看得懂例题，还要能“背例题”，多“背例题”。

缪慧凌是厦门一中的学生，高考文科数学满分得主，以总分625分的高分被北京大学录取。作为一名文科生，在高一的时候，缪慧凌的数学并不突出，甚至一度成为拉学习成绩后腿的科目。所以从高一下学期起，她就对自己暗下决心：一定要在数学上取得突破。

突破的策略，首先是尽量紧跟老师的步伐走，不折不扣地完成老师布置的学习（复习）任务。另一个方法就是从“例题”中淘金。缪慧凌说：“我给自己准备了一个笔记本，但并不记录知识点、考点，而是记录例题，从例题中着手，掌握好每一种题型的解题方法。复习中就紧扣例题，掌握的题目一次过，碰到难题就多研习几遍，直到弄懂为止。”对例题，缪慧凌有着超乎寻常的敏感。从高一起，她就开始有计划地做训练，足足抄了两大本厚厚的例题集，这个做法直到后来她对数学有感觉了才停止。

那么，我们该如何“背题”呢？

首先，弄清全书有几章，每章有几节，每节有几道例题，对全书的例题做到心中有数，然后在作业本上抄下每一道例题。（每一道例题就是一种题型，可以自己算算有多少种题型。）先不要看书中的解法，合上课本，按记忆中书上的解题步骤、解题方法认真解题，不要马虎和省略。全部解答完后再翻开书本参照例题一一对照，看自己的解题方法、步骤是否和书中一致。如果有不同的地方，要分析这样做的原因和利弊，寻找存在的知识盲点，进行订正和记忆。

名师细节指点

课上例题很重要

同学们在课堂上听讲例题时，要特别注意去积极地思考、寻找自己的方法与答案，养成独立思考的习惯。不要等着老师提问、其他同学回答，或者就等着老师给答案、给思路。要知道，通过自己思考出来的结论，往往会比别人告诉你的，留在你记忆里要深刻得多。争取在课堂上解决例题中的问题，这会为你在课后复习甚至以后的学习中节省很多宝贵的时间。

——北京育才学校老师　王蕴

027 专项训练做题法

面对做不完的试卷和习题，到底怎样做题，才能取得更好的训练效果呢?

以高分考入中国政法大学的张义同学认为，高三发的卷子很多，根本做不完，因此，对习题一定要有所选择。好的卷子要仔细做，不好的就放弃了，不要浪费时间。那么如何选择呢？张义同学提出“四选”。

一选卷子。要选那些出题人比较权威或者题型与高考最相似的卷子。

二选知识。面对不同科目的习题，要先选那些自己比较薄弱的科目的习题来做。

三选题型。某一科我做题时，有一种题型总是做错，那就先把这个科目的这种题型挑出来，进行单项重点训练。

四选新题。做的题多了，肯定会碰上重复的题目。这时，如果这个题你已经做过，而且知道做这种题的思路，那就可以放弃不做，把时间用来做其他的题。

做习题时，可以先把习题分类，涉及某一知识专题的题目，可以集中起来做。这样有利于对同一知识点进行复习，还有利于总结同一个知识点的命题方式和解题方法，提高自己的解题能力。

第三章

答题技巧

——提高答题成功率的做题方法

要想在考场上取得好成绩，光有答题实力是远远不够的，我们还要讲究一定的答题技巧，尽可能地在有限的时间内将该拿的分数拿到手。了解历届考试的人知道，每次大考都会有“黑马”出现，而且常常不止一两个。其实这些同学平时成绩并不是特别优秀，但我们相信，他们一定是最懂得考试技巧的。他们知道考卷发下来之后先做什么后做什么，在时间不够的情况下又该采取哪些措施等。考场上各方面都注意到了，才能确保自己在会做的情况下将分数拿到手，这样考高分就是意料之中的事了。那么，我们到底需要怎样的考场答题技巧呢？本章将围绕这一问题，详细具体地给大家进行讲解。

028 先审题，后动笔

现在的考试，一是题目数量多，二是题型变化大，因此能否审清题意，是解题成功与否的关键。因审题不清出现错误是考试失分的一大因素。例如：有的题目中含有隐含条件，考生却大意地一扫而过；有的曲解题意，把诸如“感恩”简单理解成“感激”等；有的则是因为没有看清答题要求，就急于答题，答了一部分，看看不对劲，回过头来重新看题目，才知道自己离题了，结果浪费了大量时间。

黑龙江大庆中考状元徐晗同学建议，做题时不要急躁，审题是关键。一定要认真阅读题目的每一个字，弄清出题人的真正意向何在，千万不能想当然，没读完就开始做。对于每一道题都要认真看清已知条件，以免造成不应有的失误。例如“不”字的存在与否使答案有可能完全相反。殊不知，有多少做题高手就是在审题这一步上跌得头破血流。

那么如何避免审题错误呢？大家不妨按照以下几种方法进行尝试。

1. 慢看轻读法。看到题目后不出声地默读，遇到自己做过或者似曾相识的题目，切莫麻痹大意，不应草草看完题目之后就想当然地

"依葫芦画瓢"，而应推敲题意，具体问题具体分析。

2. 复杂题目，多看几遍。对于比较复杂的题目，应该多看几遍，弄清题意再做题。即弄清楚已知条件是什么，要求是什么，将条件和结论区分清楚。对题目中一些关键性的字、词、句，应该仔细分析，多方推敲琢磨，切不可没有弄清题意就匆忙作答。

3. 找出联系，回头想想。在一时弄不明白时，要找出题目中条件之间的联系并确定解题途径。无法作答时，还需回头想想，题目中所给的条件是不是有忽略的？隐含条件是不是没有挖掘出来？条件和结论有哪些本质联系？

·名师·
·细节·
·指点·

审题"四要"

第一，审题要"细"。考试看题要细致，比如试卷背面有没有题，如果翻页，题目要连接得上，每一个文字、数字、字母、符号、图形都要看。要仔细观察，咬文嚼字反复推敲，不漏过任何一个细节。第二，要"准"。要看清这些题属于哪些知识范围，琢磨这道题与过去做过的题有什么异同，是考哪些概念、技能，可能有什么"埋伏"，分析出题目的要害，找到解题方法。第三，要看"懂"。看懂，重在理解题意，看一遍，没有理解，就看第二遍、第三遍，直到真正把握题意为止。在没读懂的情况下就解题，十有八九会出错误。第四，要"稳"，不要急躁。审题时，应尽可能多念几遍题，甚至可用铅笔将题目中给出的已知条件、潜在条件及要求解决的问题一一标出，做到边读题，边打腹稿。审题工作做好了，答题就能迅速而又准确。

——厦门英才学校中学部教务处处长　邹阳华

029 规范答卷，减少无谓丢分

有的同学离开考场后“自我感觉良好”，但成绩下来后却并不令人满意。出现这种情况的原因有很多，但字迹潦草、书写草率，答题不规范等，是其中的重要原因。这种丢分是最冤枉的。

在试卷规范问题上，湖南省优秀学生陈明锐深有感触。陈明锐说，语文学科是他的弱项，他在高考前书写潦草，结果每次小考，语文成绩总是不高。后来他在老师的督促下认识到了这个问题，在平时有意识地提醒自己注意书写及答题规范后，在语文考试中取得了好成绩。他提醒考生，尤其是在解答语文、英语和文综的题目时更要注意作答的规范问题。

那么，我们应该如何规范答卷，减少无谓的丢分呢？大家不妨从以下几方面入手。

1. **书写要整齐。**答卷时写字不一定要很好看，但一定要力求清楚。这样便于老师阅卷，也便于自己检查。当然这也是减少不必要丢分的首要条件。

2. **用语要规范。**答题时，不论答多答少，首先要把答案的关键部分和关键词写出来，以免最后时间不够来不及作答。在平时做题的时候要养成规范用语、规范表达的习惯，这样，不论你怎么答，都不用担心失分。

3. **层次分明**。答题时要有层次有段落，要做到要点层次化、层次段落化、段落序号化。

4. **必要的步骤要详细**。在考场上虽然时间很紧，但我们一定不能忽略了答题的层次和条理性。做题时推理要严密，步骤要一步推一步，详细写出解题过程的必要步骤。老师阅卷时是根据步骤给分的，跨步太多，必然要扣很多分数，这是非常可惜的。

2016年考入清华大学的王家贤说："规范答题，保持卷面整洁，字迹清楚，这是一个基本的礼貌问题，能让阅卷老师感觉到被尊重。稍微注意一下就行，其实每个人都能做到。"

·优等生·
·经验谈·

参考答案的妙用

有时候，我们会做的题不一定能全做对，做对的题也不一定能得满分。其中很大一部分原因，就出在大家在答题的时候表述不符合要求。怎样用最简明的语言将你的意思准确无误地表达出来呢？短期内最有效的方法就是研究参考答案，这一点在文科的学习中体现得更加明显。对于一些常见题型，我们可以适当地背诵几则标准参考答案，理解答案中所体现的解题思路、表达方式，在解题时可以尽力模仿，以提高答题时表述的规范性。

——华中科技大学　许成

030 把握解题速度，合理分配时间

考场之战，是知识之战，更是时间之战。考场上的时间，一分一秒都对考试成绩起着重要的影响。专家认为，会安排时间的考生往往容易成功。那么，该如何安排时间，确保自己在规定的时间内做好自己有把握的题目呢？

我们不妨向高考状元取取经。2001年湖南高考文科状元谭彦说：“考试一开始我们就需对考试时间进行合理的分配，以便在考试过程中对自己的解题速度进行适当的调整。考试最好戴块表，这样可使你答题时间的分配更合理些。拿到考卷后，不要急于答题，先对试题的数量、类型、题分比例等逐一浏览，并对各题难度以及作答时间作大致估算，做到心中有数。分配时间要‘量体裁衣’，基本原则是按分数和比例分配时间。但由于选择题、填空题一般属于基本题，可适当缩短一些时间，而在后面稍难的计算题、证明题上追加些时间。”

除了谭彦介绍的经验外，在答题过程中，为了更好地利用时间，我们再补充两点。

1. **把时间首先放在普通题上。**由于考试时间很紧，所以应把时间放在大量的普通题上。因为普通题所花时间与所得分数之比是最大的。做完有充分把握的易题就可以使紧张的心情逐渐平静下来，做起难题来也会比较从容。如果一开始就去做自己不熟悉的难题，做不出来就会很紧张，时间也花得多，甚至导致本来能做出的其他题目也没时间去做了，做难题丢易题的做法在考场上是很不明智的。

2. 会做的题一定要保证做对。对绝大部分考生来说一般做完题后是没有多少时间检查的，因此在第一遍做题的时候就要保证自己那些会做的题目一定要做对，这对省出时间解答那些自己可以突破的题目是非常关键的。

此外，在答题的过程中，要注意自己预定的时间安排。如果一道题目本来的计划是5分钟，但是过了5分钟还没有头绪，就应先跳过此题目，解答下面的题目。若是已接近成功，时间可以适当延长。

·名师· ·细节· ·指点·

大考前必要的准备

（1）考试前几天要注意休息，养精蓄锐，不要把自己搞得太紧张。

（2）考试之前要准备好考试所需的文具和必需的证件，放入一个透明的塑料袋或文件袋中。2B铅笔（最好到大的文具商店购买考试专用2B铅笔，质量可靠，保证机读成功率）、准考证、身份证、笔若干支（建议用考试专用笔，因为它比普通的圆珠笔、钢笔、签字笔，出水更为均匀，书写更为流畅）、手表等物品；最好提前几天去看一下考点，熟悉一下交通和环境，以免因迟到而手忙脚乱，搞坏自己的心情。

——江苏省优秀教师　谭美媛

031 科学制订考场答题顺序

作为考生的我们不难发现，试卷上的多数试题属于基础题，难度小，一般排在前面；少数试题综合性比较强，难度较大，排在后面。科学地制订答题顺序，对树立起考试信心、取得好成绩是非常重要的。

许多考生浏览试卷时一看全卷题量多、难度大，便心慌意乱。面对这种题量比较大的情况，可以直接从头开始，按顺序作答，以免时间不够用。

除了按顺序做题的常规方法外，我们还可以结合时间安排，优先解答时间分数比值较大的题目。具体的顺序是：① 自己认为会做的题；② 以前似乎做过的题目；③ 题目短、答案也简单的题；④ 大题、长题和自己感觉吃力的题目。按这个顺序答题有三大好处：一是避免先解难题而占用大量的时间；二是先做容易的题目能使大脑很快进入解题状态，有利于排除紧张情绪；三是可获得一个适应的过程，消除紧张情绪。

另外针对不同的考生，也应该采用相应的答题措施。

（1）对于成绩优秀、反应灵敏，但容易粗心做错的同学来说，宜先做低、中档题。这样能抑制浮躁情绪，进入稳定答题的状态。

（2）对于学习踏实、知识掌握较好，但动作缓慢的同学来说，则宜先做中、高档题。因为这一类同学在应试中常因时间不够，难以完成试题，导致考试最后的半个小时心神不宁，答题速度更加缓慢。假若先做比例较大的题，“大分”在手，最后的半个小时也就能保持心情稳定。

（3）对于学习成绩一般的同学来说，从头做起，依次往后为宜。按试卷的编排顺序答题，先做容易的，有把握得满分的题目；再做心中有数，难易适中的题目；最后再做难题。这样有利于增强信心，提高考试效率。

2015年北京高考文科状元蔡雨玹说：“分配时间，就是田忌赛马的问题了，比如考文综，别打乱顺序，接着往下做就好了。答卷过程中，心情非常焦灼静不下来时，就填一下客观题答题卡，借着仔细核对选项的时机平复心情。”

名师细节指点

不要提前交卷

试卷是以准确率说话，不是看谁交头卷就给谁加分的。考场上的时间是非常宝贵的，浪费一分一秒都是不明智的。提前一分钟交卷就减少了一分钟查漏补缺的机会。不论试卷多么简单，自己有多大的把握，其他考生有多少人交了试卷，自己也一定要坚持到底，把心思用到做题和检查上，不到最后一分钟绝不出考场。因为“笑到最后的人，往往是笑得最开心的人”。

——江苏省优秀教师　范文斌

032 考场答题应以“准确”为主

试卷发下来之后，不少考生一看到试卷，脑海中蹦出的第一个念头便是“抓紧时间把试卷做完”。结果题目做完了，但是考试成绩却不理想。究其原因，正是这种出于“快速做完”的欲望使得那些简单但需细心的题目出了错。须知，只有“准确”才是考试得分的唯一条件。

2006年广东高考状元（物理类）杨洋对此颇有心得，他说：

> 高考题量大、面广且有一定的难度，我们在考场上很难做到快速和准确两全。以数学为例，考试时间只有两个小时，90%的学生都完不成。如果快速和准确发生冲突时应以准确为主。由于考试时间紧，不少考生没有时间检查，所以，对会做的题目不妨控制一下做题节奏，稳中求快。做选择题和填空题时要“一步到位”，不要寄希望于最后的检查。另外，可根据临场情况随机应变。比如考英语的时候，如果做阅读题觉得脑子有点“钝”，不妨先写写作文，这对大脑是一种调整和休息，然后再做阅读题就容易多了。

要提高准确性，还要注意以下两点。

1. **答案要想清楚才能写清楚。**不管考哪一门，都要将答案要点列在草稿纸上，这样便于理清自己的答题思路。例如，在做论述题的时候，要把观点和材料以提纲形式列出，斟酌一下：观点是否正确完整，所用的材料是否真实确切，观点与材料是否统一。等确认准确无误后再下笔作答，思路就不会摇摆甚至紊乱了，文字表达也显得更流畅。

2. **运用“步步为营”的检查方法，及时确认答案。**所谓的“步步为营”法，即每完成一步就马上检查，力争“一次到位”，把可能出现的错漏限制在小范围内，并及时进行纠正。

通过立刻检查正误，可以为自己树立起攻破下一道“难关”的信心，也在一定程度上保证了卷面整洁。

高效做题锦囊

注重考前测验

考试前我们会有很多测验，我们应该充分重视并好好利用它们。不要去应付或者轻视平时的这些考试，否则只会是浪费了时间和金钱。我们可以从平时的考试中学习很多东西，比如认真仔细、一丝不苟的品质，临考不乱、处变不惊的心态等。

考场上要勇于放弃

考场上勇于放弃是一种智慧。虽然在遇到难题时要懂得变换思路，不轻言放弃；但如果确实做不出来，应该果断放弃，省出时间来做好自己会做且容易得分的题目。

以高考为例，如今考试的一大特点就是：考题量大。绝大部分的学生在有限的时间内是不可能把题目一一做完的。因此在这种情况下，就需要尽量舍弃那些特别难的题目，确保自己该拿的分拿到手。

2005年四川高考理科状元兰雪在讲他的做题经验时说，发现某道题目的一个进攻方向或方法不行，要勇于马上变换思路，此路不通，还有彼路。“条条大路通罗马”，一条路上耗死的事情不要做。要是经过苦苦思考还是没有找到解题思路，那么就应该绕过去，紧接着解答下一道题目。

当我们在考试面对某道难题时，题做不出来是很正常的。因为难题的目的是为了选拔最出色的学生。针对这种情况，一般可用3～5分钟来确定是否对这道题目有思路。若没有，千万不要死啃，先跳过去做下一道题目，也许在你做其他题目的时候思路就会跳出脑海。等做完后边的题再回过头去做未做的题。若实在还是做不出，也不要一字不写，选择题和填空题可以猜一个答案，大的计算证明题可以根据仅有的思路，能写多少是多少。评卷根据步骤给分，这样把自己的思路写上就可以增加得分的概率。

需要注意的是，跳过难题要分情况。对于自己由于紧张才觉得难的题目，不应急于跳到下一道题，而应静下心来，细细分析，或许就会豁然开朗。

2016年刚考入清华大学的高驰是这样介绍他的考场经验的："对我来说，没有特别难的题，只有暂时不会的题。我也试过在一道题上花功夫，但结果是浪费了时间，反而没取得预想的效果。"

·尖子生·
·对你说·

消除紧张的考场镇静操

有一部分难题是由于自己紧张而做不出来的，这时，你不妨做做镇静操让自己保持平静，消除紧张。①间断性地闭上眼睛，然后舒适地做做深呼吸。让气流慢慢地呼出，呼气时要想"放……松"，而且要感到那种紧张感正随着呼气从身体中流出。②做深呼吸时，要让双臂和双手在身体两侧摆动。要感到流入手掌的血的温暖，想象到那种紧张感正顺着你的手指尖流出。③活动一下手指肌肉，促使血液循环。④伸展双臂、双腿和腰、背。

——新疆高考文科状元　孙建云

034 稳操胜券的“对症解题法”

考场上各种各样的考题都会遇到。当遇到不同类型的题时，尖子生们一般都会采取不同的应对策略。

我们来看看他们的经验之谈。

1. 遇到简单题。遇到自己感觉很简单的题时，更应该仔细、谨慎。简单题对每个人都容易，若不注意更容易出错。所以这样的考题，考验我们的是做题是否细心。

2. 遇到难题。遇到难题首先不要紧张，要明白难题在绝大多数考生面前都是难题。如果实在做不出来，先放过去；否则老是钻牛角尖，只能增添自己的急躁情绪，浪费宝贵时间。

3. 遇到“似曾相识”的题。遇到这类题目，更要小心，不能大意。反复审题，千万不可简单轻率地将练习过的方法照搬。因为这类题目往往表面相似，但内容、要求和解法完全不一样。如果“想当然”地去解题，就会出差错。

4. 遇到自己做错的题。当发现有题做错的时候，先别急着划掉，要先在旁边写上正确的解法再划。因为有时转念一想，又发现原来的解题方法是正确的。若已划掉，就会花很多时间去重新抄写，这样就耽误了做题时间。

5. **遇到不曾见过的题。**遇到自己陌生的题目要静下心来，回忆一下题目的内容在课本中哪一部分提到过，想想这部分的知识体系及有关的解题思路和方法，这时就有可能从中整理出头绪。

6. **遇到综合性很强的大题。**很多综合性很强的大题往往令考生感觉“无从下手”，这时你可以把大题一步一步地分解成若干小题，然后把每一个小题做出来，最后综合在一起就是正确答案。

7. **遇到绝对答不出的题目。**对于这种题，就尽管放心地猜，大胆地“蒙”。哪怕只有一些模糊的意识也要在答案上表现出来，力求得些小分。

名师关键提示

把大题“肢解”

面对综合性很强的大题，我们很想把题目答得井井有条，可是又有些力不从心。这时，可以采取分解的办法，把大题一步一步地分解成小题，确定好解题所需要的必要条件后，再好好地思考一下如何将它们通过彼此之间的联系衔接起来。事实上，大题也就是把课本中若干知识点综合在一起命题的，只要把大题“肢解”了，我们就可以很快地理清思路，找到解题的方法了。

——长沙优秀教师　郑秀清

035 沉着应对“记忆堵塞”

一般来讲，正式开考作答后，同学们开始把注意力集中到答题上，之前的紧张心理开始得到缓解。但是作答时，有些意外情况也可能会重新引起新的心理紧张。在所有的情况中，对考生威胁最大的当属“记忆堵塞”了。这种现象的主要表现是记忆力减退，回忆知识感到困难等。

“在常见的考试病中，最可怕的就是突然记忆堵塞了。我们中的大多数人，几乎都能够回忆起自己在以往的考试中曾经发生过的这种情况。记忆堵塞是一种最叫考生烦恼的考试病。谁希望在考试中正想解答某道题时，那些熟悉的或者相当明白的概念、公式，还未动笔，就突然消失了呢？”2003年河北高考文科状元王丽这样说。

当你在考试的过程中遇到了“记忆堵塞”，不妨听一下优秀教师的建议。

1. **保持镇静**。当你遇到这种情况时，首先要保持镇静，并注意调节自己的呼吸频率。先慢吸气，在想着“放松”时缓缓呼气。在你完成缓慢呼吸时，再考虑你正在努力回忆的问题。

2. **联想**。克服记忆堵塞的另一个办法就是联想。你不妨回忆老师讲课时的情景或者自己的复习笔记，并努力回忆与问题有关的论据和概念，把回忆的内容迅速记录下来，然后，看你能否可以从中挑出一些有用的线索。

3. 利用试卷中的其他题目。在考试中，前面遇到了记忆堵塞，不妨先撂在一边。在看后面的试题时，就要用心地搜索与前面试题内容相关的题目，这样也能带给自己一些启发。

最后，不管你采用哪种方法，最关键的是一定不要慌乱，否则越着急越想不起来。

王成科是2016年安徽高考文科状元，据他说，当他在考场上遇到难题时，也是暂时放在一边，等其他会做的题都做完了，再回过头解决难题，有时候正做着其他题时也能突然想起不会的题的解法。

·高效·
·做题·
·锦囊·

几招避免脑疲劳

在考试中出现脑疲劳后可以立即把思维从考试转移到无关的事物上，如在草稿纸上画些什么，或注视某个事物等；还可以进行穴位按摩，用两个拇指交替按摩两掌心的劳宫穴；或手掌伸展，分别贴附于两侧面颊处，拇指按揉风池穴，食指或中指按揉太阳穴，以酸胀适度为宜。此外，考试时还要讲究坐姿，要做到肌肉放松，扩展胸部，伸展脊柱，间断地紧闭嘴巴，向远方眺望。这样可以使氧和糖的供给充足，使大脑的血液循环保持良好。

036 考场检查的八个通用法宝

现在的考试，特别是关键性的考试，往往题量大，能给考生分配做每一道题目的时间是有限的，这样大家在做题的时候就难免会有疏漏。所以做完题后，如果还有多余时间的话，检查工作就显得格外重要。在检查时，我们应根据不同的题型，选择不同的方法。但以下的八个方法是很多优秀学生验证过的通用法宝。

1. **结果代入法**。将结果代入公式，看看能否反向求解出原题所给的已知量，或是从已知求得的结论，向已知条件推导。这是最典型的“逆向确认”方式。

2. **试题重做法**。这一方法的主要过程是：如果时间允许，可将某些试题重做一遍，如两次试题获得同一答案，这样题解一般就不会有错了。

3. **稳步检查法**。这一步也是从审题开始检查，以便从中发现问题进行矫正。这种方法不能发现一些根本性的错误，但却可以检查出计算和表达上的一些错误。

4. 正反结合法。正反结合的方法通常有两种途径。一种是以检查丢、漏、误为目的的检查，这种检查多采用“正向确认”的方式进行；另一种是以判断解答方向是否正确为目的的检查，这种检查多采用“逆向确认”方式完成。

5. 引入条件法。这种方法是从解答条件入手进行分析，看看答案是否符合所给条件。

6. 专拣“粗心点”法。这就是在检查时间不足的情况下，专门检查自己平时容易出错的问题。

7. 多变检查法。根据剩余时间的多少来决定自己如何检查。若时间充足，可以挨个检查。一旦发现时间不多就要先检查分数集中的试题或自己认为把握不大的试题。

8. 比照检查法。对于选择性试题，检查以后将题号和答案的符号写在一张纸上，然后一一对照，以避免出现填错或漏填。

·优秀教师·
·对你说·

用不同的方法反复检查

在检查中，不少学生把答案反复检查了好几遍但还是发现不了错误，而结果却是做错了。这是怎么回事呢？原因很简单，因为他们一直在用同样的方法检查。这是受了习惯思维的限制。因为反复受到相同的刺激，人的行为就会产生相同的反应。尤其在演算单纯的计算题时，检查答案正误时容易犯第一次检查时的毛病，所以我们提倡换个角度，改变顺序，或倒过来推演，从不同的角度确定答案。

——襄樊优秀数学教师　尤阳

037 节省时间的读题法

有人戏称高三学生是“上高三，下题海”，似乎一上高三，就一头扎进“书山题海”出不来了。高考复习进行大题量的训练，是可以理解的，但是，做题要取得更好的效果，学习要有更高的效率，还应该讲究适合的方法。比如“读题目”的方法，就可以起到事半功倍的效果。

“读题目”是新疆高考理科状元姜学军同学的发明。所谓“读题目”，就是不写出具体的解题过程，只要懂得了它的解法，总结了解题思路和技巧就可以了。采用“读题目”的方法，可以大大提高学习的效率，为我们节省下许多时间。正如姜学军同学所说的：许多问题，只要抓住其特点，解答起来就有规律可循。题目“读”多了，就会发现许多题目的解题途径都是一样的，只是表面作了一些修改而已。这时，实在没有必要把每一道题都详详细细地做出来。通过大量“读题目”，注意进行题型整理、思路分析等工作，有意识地挖掘规律，这才是提高解题技巧的关键。

以优异成绩考入上海复旦大学经济系的徐薇同学说，她高考数学取得好成绩的“秘诀”就是看“题解”。“题解”把同一种类型的题目都归纳列在一起，并给出不同解答方案。多看这种“题解”对提高解题能力很有帮助。比如说这一种类型的题目一共有几种解法？哪一种解法最简便？在缺少什么解题条件的时候，又适宜采用哪种解题方法？平时可以多从这些方面进行思考，会得到很多启发。题目看得多了，做题时的思维就活跃了，思路也开阔了，解题速度、解题能力自然而然就会提高了。一般而言，题解中列出的变化只要你弄懂弄透了，就应该能够应付高考了。

另外，我们还可以采用典型习题法，就是把每种题型分类地抽出，每类只做最典型的一两题和最难的一题，这样在短时间内就掌握了一类题的基本解法。复习时每个知识点最多不过十几种题型，做几十道题就可以掌握一个知识点，大大降低了做题的负担。

高效做题锦囊

学会阅读例题

教材中的例题，是学习如何运用概念、定理、公式的最一般的示范。在阅读学习教材时，一定要将例题作为重点。

038 难题先跳过，手热好得分

在答题过程中，出现钻牛角尖的现象对考生来说是一件非常不利的事情。考试时不但考解题能力，而且考解题速度，题量相当大，以致大多数同学来不及做完考卷。这时假如你过多地纠缠于难题，钻在里边会很长时间出不来，耗去大量时间还可能劳而无功，回头做简单题目时有可能时间仓促而忙中出错，就太不合算了。

明智的做法应该是：将难题跳过去，先把会做的做完，最后再“啃”难题。这样做不仅有利于保证做出易题“抢分”，而且，先把容易的题目做出来，还能使紧张的心情逐渐平静，这时再去想难题，也会比较从容。

那么，我们做题时应该采用什么顺序？

从北师大二附中考入清华大学的李冰同学，则用了一个“梳”字来回答这一问题。她说，做题较好的方法是一遍一遍地进行“梳”。第一遍没做出来，没关系，空着它，把第一遍全做完了之后，回过头来，再做第二遍，不行再来。这样经过几次“梳”后，往往就仅存极个别的题了，这时再采取个别击破的方法。“我在考试中一直运用这种方法，我认为效果不错。切记千万不要死抠一道题，如果实在做不出来，宁可放弃，用这些时间去检查其他题。”

第四章

错题笔记

——最实用、最有效的学习工具

整个中学生活，同学们可以说就是在题海中遨游。做题是为了复习、检验和提高，而在做题时难免会犯各种各样的错误，而能否从这些错误中吸取教训、总结经验尤为关键。很多中、高考状元在谈到以往的学习经验时，都着重强调要从错题中总结经验，变错为宝。错题利用的最佳方式，就是错题本，同学们也把它也叫错题集或错题笔记。它几乎是所有优等生必备的秘密武器，也同样是我们每一位同学对待题海的一大法宝，不愧为中学生学习中最实用、最有效的一种工具。

039 错题本是一种学习策略

我们是否遇到过这样的情况：以前不会的或者做错了的题，考试时仍然不会或者一错再错。造成这种现象的原因其实很简单：大家在平时的做题中，对自己的错题没有认真对待和处理的习惯。要知道，每一个错误的背后，都隐藏着自己在知识和能力方面的欠缺。我们如果能把难点和重点问题及时整理到错题本上，并按时翻阅，细细研究，就能够十分有效地防止错误再次发生。

考入复旦大学的杨仪捷同学说：“通过研究错题可以整合出重要的知识点，重新对摘录的难题进行思考也能够帮助自己拓宽解题思路。考试前，我曾经对各科错题和难题进行了分类积累并不时翻阅，发现从中获取的信息虽然简练，但含金量十足。”

毫无疑问，错题本是一种非常有效的学习策略，原因有三。

1. 建立错题集有利于节约时间。当我们面对堆积如山的试卷练习题时难免无从下手，而且各科的考点庞大而琐碎，所以千万不能眉毛胡子一把抓。实际上，试卷练习中对学生最有价值的就是你做错了的题目。平时把错题整理汇集到笔记本上，这样就省下了翻阅大量其他参考资料的时间了。

2. 建立错题集能帮助同学抓好学习重点。错题反映出的是学生的弱项，往往是导致大家丢分的“隐形杀手”。重视、研究错题，也就抓住了学习的重点，从而避免了做无用功。记错题集也有利于培养大家做过练习后总结反思的好习惯。

3. 建立错题集可以提高大家的自主学习能力。同一个学生同样的错误常出现在不同的试卷中。出现此类情况的学生，只知道被大考小考牵着鼻子走，学习方式也是相当被动。错题集将会促使其主动地探究自己的失误，减少错误率。

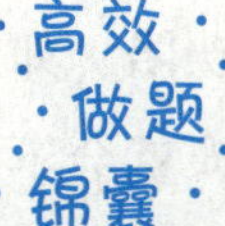

错题可以不摘抄

错题本不是仅仅简单地将题目和答案抄录下来，更重要的是要分析出现错误的原因和预防类似错误出现的方法。这是一个自身逐渐学习和修正的过程，会让自己对这一类错题的认识逐步加深。同时，对于一些文字量比较大的错题，大家可以采取一些简单有效的做法，比如：由父母帮助抄录题目，然后再由大家自己重新解题并总结；或者将有关试卷复印，然后剪裁下错误的题目，粘贴在错题本上；等等。

040 如何建立一个属于自己的错题本

题目之所以会做错，是因为我们在学习中还存在着知识缺陷。如果不重视错题的纠正，旧的错误没有得到认识和改正，新的错误就会不断地发生。为了避免这种情况出现，我们就需要建立错题本，及时对错误进行纠正。

成绩优秀的同学一般是怎样建立错题本的呢？大概可以采用以下几种方法。

1. 标注符号法。浙江大学的李强同学说，他的错题本就是把做过的卷子订到一起，然后在每份卷子的卷头上标注上自己做错的题的题号，并且最好用不同的符号代表不同错误的原因，这样一打开卷子，哪里做错了，为什么做错了，就一目了然了。

2. 章节归纳法。西安交通大学的张杰同学的做法又有所不同，他将错题按知识点所在的章节进行归类。他认为，这么做的优点是便于分析错误的原因，看自己还有什么知识点没有掌握，这样也便于复习。

3. 注重质量。清华大学的王芳芳同学说："错题本重要的不是错题的数量，而是整理的质量。因为你整理的不是一道题，而是一类题，一类自己的缺点。”她以化学为例（高考中她的化学得了满分）作了具体说明。她说：“错题本是学习的必备品。每次小测验结束之后，我都会把全部错题整理到错题本上。这不是浪费时间，通过这种方式可以找出自己错在哪里，怎样才能避免出错。例如高三下学期，当一道化学题被证明是自己做错了的时候，我会毫不留情地把它剪下来，贴在自己的错题本上，然后从题解找到标准答案，每一步都要写得清清楚楚，明明白白。有时错题是同种类型的，我就做几个标记，把几道题所在的位置标注出来，便于以后翻阅。”

有时候建立错题本的工作量比较大，需要自己的全身心投入。但等整理到一定阶段，你就会发现，在你错题本上出现的错题会越来越少。

·优等生·
·经验谈·

别“浪费”了你的错误

我的第11本、第12本错题集最厚，那是分门别类集合了初中三年中改错后又反复出错的题目。第13本就开始变薄了，第16本就只剩下6道题，实在找不出再容易犯错的题了。这6道题全是课外书上的，复杂而有难度，可以说是初中数学中的6座高峰。在考场上，面对4张数学考卷，我体会到“读书破万卷，下笔如有神”的快感。那些题目就像是老朋友一样向我热情地微笑，我从头到尾没遇到一个拦路虎。

——一位中考状元

041 整理错题的几种方法

准备好错题本之后，我们该采用怎样的格式整理错题效果会比较好呢？现在为大家推荐两种好方法。比如，选择某次考试中不理想的科目（如语文），统计一下自己的失分情况、失分原因等，如下表。其他学科也可参照该表格自行设计。

题型	失分分值	失分考点	失分原因
选择题			
填空题			
课内阅读题			
课外阅读题			
文言文题			
主观表达题			
作文			
其他			

除了表格的形式，我们还可以按照下面的格式进行记录。

××××年××月××日

原题：

错解：

错误原因（种类）：

正解：

我们在明确了错题本的基本格式外，还应该做到以下几点。

（1）随错随录。把自己平常练习和测试的错题都摘录在错题本上，定期分类整理。

（2）分析错因。弄清楚自己做错的原因，到底是因为审题不准确，还是根本不会；是因为马虎，还是基础知识掌握得不牢固。这是建立错题本最关键的环节，也是改掉不良做题习惯的重要途径。

（3）纠正错误。把错题抄在错题本上，或剪下来贴到错题本上，记下做错的原因分析。然后再按照正确步骤解一遍，若有多种解法还可以把思路写上。

（4）写出疑惑。把自己不懂或者模糊的知识点写在错题本上，以便请教他人。

·优等生·
·经验谈·

错题也要“模块化”

建议大家在错题本上完善几个功能，就像模块一样，让“错”变得非常清晰。比如：标注出“概念错误”“思路错误”“理解错误”“审题马虎”等错误原因（要对为什么产生这样的错误详加说明）。标注出“错误知识点”：数列、函数、解析等。标注出“同类错误”：第几页第几题等。另外，还可以针对自己的常犯错误，给自己出几道题目，考查自己对概念和知识的掌握程度。

——华东理工大学数学系　王伟林

042 错题本到底应该记什么

错题本最基本的功能就是记录错题供自己反思。但是除了错题，错题本还可以记点什么呢？以下八点都是一些尖子生在平时运用错题本的做法，大家不妨作个参考。

1. 记经常用到的公式。如和差化积、积化和差、诱导公式、万能公式等。

2. 记常见方程式。对于生物可以记下光合作用、呼吸作用和ATP与ADP转化方程式等。对于化学方程式，简单的可以不在错题笔记上记录，但一些重要的、复杂的方程式最好记在本子上以便及时复习。对于像Cu与S这种比较少见的反应方程式应多做些记录。

3. 记灵感。记录下的灵感可能在你做题的时候并不能提供很大的帮助，但是却可以极大地提升你的学习兴趣。

4. 记小知识点、小结论。理综方面有些知识点比较繁杂，可以在纠错笔记上记下易忽略以及需要记住的知识点。

5. 记注意事项。以物理为例，物理倾斜轨道中的摩擦力容易被忽略，这样我们便可以在本子上记下“一定不能忽略摩擦力”。对于抛物线我们可记下“注意将抛物线化为标准形式”等。

6. **记英语出现的高频词汇。**尤其是在阅读时要把不会的单词和不明白的句子及时地摘录下来，记住并好好地分析。

7. **记典型题。**在错题本上记下那些典型的题目，并作简单的分析，有助于提高自己举一反三的能力。

8. **记优美的句子和文段。**尤其是语文和英语，这样写作文时就有“亮点”可用了。

相信有了上面八点，你的错题本上就不会只有错题，而是真正成为一本专属于你的学习宝典了！

·尖子生·
·对你说·

贵在整理

以前我有过这样的经历：做完一本练习册后，总觉得里面有什么题目自己没有掌握，但又记不起是什么题。犹豫了很久之后，只能从头再做。结果浪费了大量的精力，效果也不明显。后来我想到不如把自己第一遍做错的或者不会的题目记下来，整理到一个本子上，这样，我在以后的复习时就可以只看本子上的题目了，这个方法为我节省了不少时间。

——湖南高考状元　韩霏

043 怎样使用错题本最有效

错题本如果只是建好了，是不能发挥其效用的，还需要我们好好使用。以优异成绩考入北京大学的杨志刚同学说：“我做过的题目虽然不是很多，但我每隔一段时间就会把自己做错的题目和自己认为典型的题目抄到一起，找出不同题目的特征，把每类题的分析思路和通用解法总结一下，记在本子上。有空经常拿出来看看，甚至是再做一遍，做到同一道题不能错两次，同一类题目不能错两次。这样遇到题目时我就先分析它属于哪个类型，然后再对症下药。”

除了杨志刚同学所说的常把错题本拿出来翻看和再做几遍错题外，我们还应该怎样使用错题本呢？

1．相互交流。由于基础不同，各位同学所建立的错题本也不同。通过交流，同学们可以从别人的错误中吸取教训，得到启发，以此警示自己不犯同样的错误，提高练习的准确性。

2．给每科建立一本错题集。实践证明，如果各科都建立错题本，这样经常温故知新、持之以恒，考试成绩至少会提高20分。

3. **每天做作业前，把昨天的错题解决后再开始做新的作业。**这样可以避免错误的解题思路再在作业的类似题目中出现。

4. **把错题本与课堂笔记结合起来。**这样就可以“双管齐下”，对知识会理解得更加透彻。

5. **坚持不懈。**每周或两周一次重做一下错题，考试前更应重做错题本。开始时错题本里由于粗心的类型会占大多数，但是随着自己坚持不懈的努力，错题本中的错误会越来越少，到最后考试的时候自然就不容易再犯错了。

实践证明，错题本是十分有效的学习办法。只要用好错题本，完全可以提高大家的做题质量，并迅速提高学习成绩。

·名师·细节·指点·

整理错题不能半途而废

在刚开始整理错题时，要把本学期甚至本学年的所有错题全部整理出来（这点对于成绩较差的学生尤为重要）。大家需要注意的是：错题本能否顺利建立和进行，需要家长和学生的认识统一，并有决心坚持，切不可出现半途而废的情况。只要大家坚持下来，善待错误，就会欣喜地发现，错误会变得越来越少，你也会从烦琐的错题整理过程中感受到学习的快乐和做题的信心。

——济南市优秀教师　陈义阳

044 从错题本中“筛”出“金子”

即使都是错题本中的题目，我们在处理时也不能“一视同仁”，而是要加以区别地“筛”选出其中的重点。考入重点中学的胡玲玲同学说：“每经过一段时间后，我都要翻看错题本，将重要的和非重要的内容筛选出来。经‘筛选’掉的题目，可以略去不看或觉得有必要再看一两遍。对‘筛’出的重点内容就要多花些时间去复习去巩固，要细读、细看、细想，多问几个为什么。尤其是重点中的重点，不能走马观花地浏览一遍。一定要做到‘心到’。不用心，读一千遍、一万遍也无济于事。在‘想’过之后还要做，对这些重点题目一定要做透。”

当然，有些同学可能认为这种方法很费时间，还不如去做复习工作。其实不然。在“筛选”重点的过程中，你已经开始复习了。而且，由于“筛选”的思想很集中，所以复习效果也会很好。

既然筛选错题本重点的工作如此重要，那么，我们该如何有步骤地进行呢？

1. **先把错题本温习一下。**对错题本的温习过程也就是对知识点的回忆、重复过程。在这个过程中对着错题想想这道题目涉及的知识有哪些，自己对于这些知识的熟悉程度怎样。若是不熟悉的要及时做一个小标记。

2. **重新做**。把之前的题目在不看答案的情况下重新做一遍，看看自己是否还会犯同样的错误。做完后参照正确答案，对于又一次做错的题目要着重做标记。

3. **再次整理**。对于之前做过的小标记和做错的题目要重点整理出来，这便是下次筛选的对象了。

经过这一轮一轮的筛选，所剩的题目会越来越少，你需要复习和掌握的重点也就越来越清晰了。

2016年甘肃高考文科状元李晓彤也非常重视错题本，据她说，高三一年，基本上她每个学科都攒了两三本错题本。而她对待错题的方式是：找出错误的具体位置，分析为什么会出错，然后及时消化。

·优秀教师·
·对你说·

整理错题也可以用活页本

将错题集按自己容易分辨的标准把错题及零散的知识点分类记录下来，编好页码，进行装订。由于每页不固定，所以活页可以随时添加，比如在某一个地方记基础理论，第二页可以记错题及分析，等等，这样便于自己翻阅。

——南昌市优秀教师　吴轩

045 从错题中总结规律

在做题的过程中，同学们还要养成一个好习惯：从错题中总结经验和规律。虽然说学习的知识点必须通过做习题来掌握，但这并不意味着可以盲目做题，而是要有针对性地做题。大量的习题能帮助你发现自己的错误。针对错题，进行滚动式的反复练习，最终一一消除这些错误。

2010年吉林高考理科状元程思佳说："我没有十分特殊的学习方法，主要就是在课堂上认真听讲，跟着老师的思路吃透所学知识，自己多反思、多总结。对做错的知识点、题目绝不轻易放过，整理后牢牢记着，引以为鉴。要说'法宝'，可能要数我的纠错本。我做错的题目，以及觉得需要重视的知识点，都会记录在纠错本上，然后经常翻阅，经常梳理。"

从程思佳同学善用纠错本的方法可以看出，做错题并不可怕，重要的是你要经常翻阅、梳理，从错误中找到原因，总结规律。通过错题分析法总结出出题规律和答题方法，它不仅仅适用于数学，也适用于别的科目。

第五章

做好语文题的必备方法

纵观近几年的中高考语文试题，我们不难看出，在内容上，语文试题更注重扩展考生的自我表达的答题空间；在试题的呈现方式上，则以独立的综合性学习板块出现，题内所需的学科知识的综合交叉比较充分，题干设置的文字量大等。针对语文考试出现的这些特点，我们在平时就需要对语文试题的不同考试内容进行充分练习，达到胸有成竹的程度。本章将重点针对那些让同学们感到棘手的语文做题环节给出具体的解决方法。

046 解答好诗歌鉴赏题的几种方法

近年来，诗歌鉴赏题的难度在语文考试中有加大的趋势。但是如果大家掌握了一些基本方法和规律，对此类题目还是能做到游刃有余的。诗歌鉴赏一般要求大家从诗歌内容、语言、结构、写作技巧和作品风格等角度，鉴别其所表达的主旨和思想情感。我们要根据不同的诗歌题目，来确定具体的答题方法。

（1）对“问答型”题，要做到“问什么，答什么；要什么，给什么”。

（2）对“综述型”试题，一般可采取“总—分—总”的模式，即“诗歌写了什么—如何写的—这样写的好处”来回答问题。具体说来就是：① 概括诗歌特色（用一个判断句来表明自己的审美观点）；② 依据试题要求，结合诗句进行分析来证明自己的审美观点；③ 揭示诗作者这样写的好处。

（3）对“对比型”的试题，应该这么做：① 通过研读两首诗，比照之间的异同点；② 根据题目要求，扣住作品中的词句加以分析阐述。

（4）回答“诗歌表达了怎样的主旨”试题，常常可用到这样的表述方式：这首诗采用了（某种）表达方式（修辞手法或表现手法），写出了（某个）意象的（某种）特点，表现了（或突出了）（某种）思想、感情，起到了（某种）作用。

（5）回答“用了怎样的表达方式”试题，离不开叙述、描写、抒情、议论、说明等几方面。

（6）回答“诗歌运用了怎样的表现手法”试题，要马上联想到以下内容：比兴、象征、衬托、渲染、对照、联想、想象、照应、正侧结合、虚实结合、借景抒情、寓情于景、情景交融、托物言志、卒章显志等。

相信同学们在对上述解答技巧熟练掌握后，做好诗歌鉴赏题也就容易多了。

高效做题锦囊

诗歌中的常见意象

（1）杨柳：表现离情别绪或亲情。

（2）梧桐：表现寂寞惆怅、凄凉悲伤。

（3）梅花：象征高洁或不屈不挠。

（4）荒野：象征新旧代谢或表现美人迟暮。

（5）鸿雁：书信的代称，表现两性交往或思乡之情。

（6）杜鹃：表现哀怨、凄凉、思归或冤魂悲鸣。

（7）月亮：①象征人生的圆满、缺憾；②表现亲人的团圆、分离；③寄托思乡、思亲之情；④表现旷达、潇洒、美丽或冷清。

047 文言文翻译要掌握“五字诀”

文言文翻译将语言形式的考查与文意内容的考查两个方面紧密地结合起来，是考查大家综合能力运用的重要手段。以优异成绩考入清华大学的陈迎亮同学说：“我认为翻译文言文不是能够读懂文本就可以轻易做到的，因为心里明白不等于嘴上能够说出来，嘴上说出来不等于笔下能够写出来，它还涉及现代汉语的书面表达能力问题。”那么，怎样才能把文言文翻译得又准确又规范呢？大家不妨掌握下面所讲的“五字诀”。

1. **留。**即保留古今相同的词和专有名词，如人名、地名、朝代名、国名、官职、年号、某些典章制度名称以及物品名称等，这些不必翻译。硬要翻译，反而会弄巧成拙。

2. **删。**删去一些只起语法作用、没有实际意义的虚词；无法对应地用现代汉语进行翻译，删后又不影响句子的准确通顺的，也可删去。如“夫大国，难测也”（《曹刿论战》）中的“夫”，“何陋之有”（《陋室铭》）中的“之”，“学而时习之”（《论语》）中的“而”都属于这一类。

3．增。把文言文的单音词译成现代汉语的双音词；文言文中省略的成分，在翻译时也应增补出来。如“忽然抚尺一下，群响毕绝”（《口技》），其中“抚尺”和“一下”之间缺一个动词“响”，翻译时应加上。

4．调。将古今汉语不同的语序，按现代汉语的规范调整。例如：“孔子曰：‘苛政猛于虎也。’”（《捕蛇者说》）原次序译作“苛酷的统治凶狠比老虎”，这不符合现代语习惯，应把“比老虎”调整到“凶狠”之前。

5．变。就是变通，在忠实于原文的基础上，活译有关文字。例如“波澜不惊”，可译为“（湖面）风平浪静”。

总之，文言文翻译并非易事，需要大家踏踏实实地进行训练，切不可等闲视之。

高效做题锦囊

用虚词为文言文断句

虚词是明辨句读的重要标志，尤其是代词、语气词和一些连词，它们的前后，往往是该断句的地方。如文言文中常见放在句首的发语词有其、尔、若、且夫、盖、然则、是故、凡、请、窃；用在句中的连词有以、与、为、而、则；用在句尾的语气词有之、也、焉、哉、乎；等等。

048 文言文阅读如何得高分

文言文阅读是中学阶段每年必考的题目，但是真正能得高分的却不多。很多同学感觉文言文阅读很难，对题目无从下手。本小节将介绍几个破解文言文阅读题难关的方法，希望对大家有所帮助。

1. **从题目入手理解全文。**文言文阅读相对是难了点，一般同学往往只读一遍是很难读懂的。此时，就要迅速浏览一下试题要求，特别是最后的内容概括判断题，这样就能了解文章的大致内容。因为这道题往往有一项不符原文，其他三项都正确。那么通过解读最后一题，就会马上了解全文内容，再去读原文，就会事半功倍，化难为易。

2. **从文章联系处理解全文。**以文解文，就是用文章中的话来解题。文章中的诸种因素存在着一种互相制约、互相阐释的关系，这是读者解文的一种依据。以《宋书·孝义传·何子平》中的选段为例：“月俸得白米，辄货市粟麦。人或问曰：‘所利无几，何足为烦？’子平曰：‘尊老在东，不办常得生米，何心独飨白粲。’”“白粲”即白米，因为上文有“月俸得白米……”。

3. 从注释着手理解全篇。文言文命题者会给一些注释，这些注释往往能给解题带来很大帮助。如有一道试题中有一句“识者多有叔段、州吁之讥”，命题者给“叔段”和“州吁”加注了，并在注解的基础上出了一道题：“对于琅琊王，识者多有叔段、州吁之讥，原因是（什么）。”这实际上考查学生以注解文的能力。

4. 从常理出发理解全文。在解答翻译句子时，要与语境结合，更要善于了解事理。比如“扶持私庭”的译法，是“在家奉养母亲”还是“扶助母亲理家”？抛开词义的规定性不谈，仅从情理上看，也不能讲成“扶助母亲理家”。因为这“理家”的重任还要靠年近八十的母亲，何子平的孝顺就无从谈起了。

2016年贵州高考文科状元林中文谈到如何做文言文阅读题时说：“没有别的办法，只有练，只有练能使量变达到质变。当然前提是你对课文中的古文已经烂熟于心。”

·优等生·
·经验谈·

课内开花课外香

考试所选取的文言文虽来自课外，但知识点却均出自课内。实词、虚词、句式、古今异议等，知识点零散，但是如果善于分类，善于总结，并且活学活用，就一定能够“课内开花课外香”。所以在平时的学习中就要注意分类总结，把课文中所涉及的知识点都记录下来，进行强化记忆。这样遇到课外的文言文时，再想一下平日所记的知识就会融会贯通了。

——北京大学元培计划实验班　朱师达

如何做好语文阅读理解题

阅读题是语文考题的重要组成部分，尤其是在中考、高考中，它的高难度、低得分和极强的主观性已为历年语文考试的实践所证明。那么怎样才能把阅读题做好呢？大家不妨学习以下几种方法。

1. **巧用信息整体把握。**做题时可先看看写作时间、文章的作者和文后注释等内容，同时特别要浏览一下后面问了哪些问题，这些问题能否给自己提供有价值的信息。带着问题阅读，并从题目的选项中揣摩出文章的中心主旨是什么。如果是小说，则要理清其人物、情节等。如果是议论文，则要着重把握论点、论据、论证等要素。

2. **确定区域圈点勾画。**可以先看题目涉及文中哪些段落，和文章中的哪些语句有关。确定某一答题区域后，再仔细弄懂这一段每一句的意思，进而理清段落之间的关系，了解行文思路。阅读时要反复琢磨题干，圈画与之相关的内容，答题时就不需要在文章中再从头到尾地搜寻，可节省不少宝贵时间。

3. **注意摘取原文。**离开了原材料恐怕谁也答不准、答不全。因此，准确解答阅读题最重要最有效的方法是在原文中找答案。大多数题目的答案在文章里是能够“抠”出来的。当然，找出的语句不一定可以直接使用，还必须根据题目要求进行信息加工，或摘取词语，或压缩主干，或抽取要点，或重新组织等。

此外还要看分答题（分多的多答，分少的少答），必要的语文基础要掌握（例如八大修辞，基本表达方式，论证方法，说明方法，论证、记叙、说明的不同等）。

阅读和作文一样，是语文综合知识的运用。要想在阅读题上得高分，就要多观察生活中的现象，多思考生活中的问题，这样在做阅读时便和作者产生共鸣，面对一些写感悟的题时便有话可说了。

·优秀教师·
·对你说·

打好草稿列要点

有许多学生认为，语文考试不同于数理化，无须计算，所以可以不用打草稿。其实，很多语文题是需要打草稿的。有的学生认为考语文打草稿是在浪费时间，不起作用。在自己答了一段文字后，发现已经把答题空白填满了，但是自己还没有说到点子上，于是又回过头来添改补充，把卷面搞得很不美观。所以还是先在草稿纸上简单地列一下要回答的要点吧。

——广西壮族自治区优秀教师　郑迎萍

050 迅速把握散文主旨的四大方法

在语文试卷中，散文阅读题主观性强，答题要求严密，评分要求严格，因此令很多同学“摸不着头脑”。这其中最主要的一个原因就是许多同学没有把握散文主旨，以致答题时不着边际。那么怎样才能比较有效、准确地把握文章的主旨呢？大家可以从以下四个方面着手。

1．**抓关键语句**。如有一年上海考卷中现代文阅读的第三个语段是讲述“生命”话题的。该文的第一句话说：“我不敢说生命是什么，我只能说生命像什么。”而第二小节第一句话又说：“生命像向东流的一江春水。”第三小节第一句说：“生命又像一棵小树。”如果我们抓住文章开头和每一小节起始句这些关键的语句，得出这篇文章的主旨之一——“生命的内涵”不就有了吗？

2．**抓场景描写**。上海高考试卷中曾选取了奥地利著名作家茨威格的一篇文章，题目是《从罗丹得到的启示》。其中第8小节详细地描绘了罗丹的工作室。这样一个伟大的艺术家的工作室却是如此简朴，除了工作中所需的东西以外别无他物。从而看出了罗丹对工作的专注、热情，为表现文章的主旨作了强有力的烘托。

3. 抓文章线索。一篇文章，不论其篇幅长短，都有一条贯穿文章的线索。找到文章的线索，便可领会作品主题。譬如前几年高考试卷中有一篇文章题为《木屐》。文章通过农村普普通通的一件日常生活用品木屐，串联了改革开放后发生在边远农村父子两代人之间的一个小故事。只要找到了这个线索，反映落后的生产方式和生活习惯对农村和农民思想的牢牢束缚这个主题也就可以很好地领会了。

4. 抓详略处理。文章中的详略处理总是服从于文章的主旨的。和主旨密切有关的人、事物则要详尽描写，反之则一笔带过。所以抓详略处理，也是把握文章主旨的一条有效途径。

·尖子生·
·对你说·

语文材料要整体把握

考场上的时间是宝贵的，尤其是语文，因为你要留足够的时间在作文写作上。所以对于阅读类的题目，不但要把阅读材料吃透，还要及时进行概括、总结，这样才能回答好后面的问题。因此，在语文考场上，对阅读材料要做到能够整体快速地阅读，也就是说，不但要读得快，还要有质量，必须充分把握材料的内容和考点。囫囵吞枣似的快读不仅造成了对时间的大量浪费，还会使你在解答后面的问题时思路不清。

——河北高考文科状元　蔡莹

051 科技文阅读的答题策略

"科技文阅读一直最使我头疼，我读这类文章总是思维跟不上眼睛，明明看见那一行行的文字，却不知道它们在说什么。"相信大家都会有这样的感受。科技文阅读难度较大，那么我们该怎样做好科技文阅读呢？大家不妨看看以下几种方法，或许对大家有很大的启发。

1. **读出答案**。采用快速阅读的方法，通过逐句快读，把握整体文章，同时画出关键的句子和词语。例如："目前""将会""已经""大概""也许""可能""其""这""与此相反""如此"等。这些句子和词语往往是阅读解题的突破口。

2. **概括段意**。读完后，看看每一段讲了什么意思。这样便于摸清作者思路。

3. **看清题目要求，检查选项**。这一步的关键在于对照比较，看题目中所给的选项跟原句是否有出入。

如下面的一段文字：

人体细胞中大都含有肽，它是细胞健康状态的标志物。细菌或病毒侵入细胞后会破坏该细胞，同时自己也分解繁殖。这时肽分子就会与细菌或病毒碎片结合。这样，附近的免疫细胞就得到该细胞受感染的信号，然后通知其他免疫细胞一同将受感染的细胞及其中的感染物杀死。

该科研小组选用了能诱发某些白血病的HTLV病毒作为研究对象，并在免疫细胞T细胞中发现了这一病毒的受体。当肽分子与该病毒残片结合后，就会激发附近的T细胞上该病毒的受体，从而使T细胞发挥作用。科学家说，T细胞上含有上百万个不同的受体，利用它可发现大量细菌或病毒并将受其感染的细胞杀死。

下列解说，不符合原文意思的一项是（　　）。

A. 向免疫细胞发生求救信号的是人体细胞中的肽分子；

B. 肽分子与细菌或病毒的碎片结合后，会激发T细胞内肽的受体；

C. 最终杀死细菌或病毒的是T细胞中的细菌或病毒的受体；

D. T细胞中的受体，不仅杀死了细菌或病毒，还杀死了受感染的细胞。

答案为B项。“肽分子与细菌或病毒的碎片结合后”，激发的是T细胞内病毒的受体，而非肽的受体。

高效做题锦囊

培养对阅读材料的语感

“语感”是语文学习的一个关键所在。放在考试中，当大家要对一种说法或一个句子的表达有没有问题作出判断的时候，除了依据文章中的材料，其次就是靠语感了。在语文考试中，很多同学都为概括中心思想而发愁，其实，只要在你读文章的过程中用心去感受，就能很快地总结出中心，明白文章讲了怎么一回事了。

052

“三问”助你读好作文说明

如今的语文考场作文，命题者会有若干文字对作文题目、写法要求等加以说明，让考生便于作答。然而仍有很多同学看见作文题目就匆匆动笔，对作文的考试说明不重视，结果导致作文内容不符合要求，白白丢掉了大量分数。审好作文说明，你只需问自己三个问题，就可以把作文的主要精神抓住了。那么是哪“三问”呢？

下面我们就以题目为《答案是多样的》的参考作文为例，对“三问”进行详细的说明：

1. 问为什么写。考生要考虑的是：命题人为什么让我们写这篇文章，有什么特别意义。不难看出，该作文的命题人是要考查学生是不是具备一定的哲学思想。如果我们从“人的认识是丰富多彩的”“事物是多种多样的”等方面作答，就更容易得分。

2. 问写什么。作文命题人在题目中就把“写什么”叙述得清清楚楚的了，我们只需认真分析一下就会很明白。命题者说了这样一段话：“在生活中，看问题的角度、对问题的理解、解决问题的方法以及问题的答案不止一个的事例有很多。”这句话从四个方面为考生提供了描述的范围和议论的中心：① 看问题的角度不止一个；② 对问题的理解不止一种；③ 解决问题的方法多种多样；④ 问题的答案丰富多彩。从这四个方面去选材、立论，就有话可说了。

3. 问怎么写。问问自己有这样的经历、体验、见闻或认识吗？我们可以描述自己的体验、认识。如果你擅长记叙，你就可以讲述一个认识的过程，这个过程表述的中心思想就是人的认识是多样的。如果你哲学知识学得比较好，还可以站在哲学的角度去谈论为什么人的认识是多样的，等等。

就读于北京大学的张倩说：“我在作文时，常常把主要的精力用在审题上，对作文题目形成自己的认识后，把思路理清，写下提纲，交给老师批改，或与老师讨论。这样可以节约不少时间，同时又很有针对性地进行了思维训练，增强对作文题目的灵敏感觉，为写好一篇立意准确的好文章奠定了基础。”

·优等生·
·经验谈·

写好作文要从平时着手

作文是考试中的得分大户，也是失分大户，很多同学拿起笔来不知道写什么。其实平时可以从细节处开始练习，注意多观察周围的现象，及时记录下自己的感想，哪怕只是只言片语。练习作文的过程是需要循序渐进的，先是一两百字的小片段，然后三四百字，最后是八九百字的完整作文。经过有意识的训练，最后拿到题目后就能够快速下笔，能够有话可说，有文可作。

——北京大学历史学系　吴淑萍

053 作文快速构思的方法

构思，是你动笔之前对作文的总体设计和构想。可以说，有了好的构思，文章就成功了一半。可是有不少同学却不重视这一步，以致文章写到一半的时候已无话可说了，所以动笔之前先构思就显得格外重要。那么该如何进行构思呢？大家不妨按以下三步进行。

第一步：由点到面。所谓“点”，就是题目。所谓“面”，就是多侧面、多层面地围绕题目进行思维的发散。或是某个瞬间记忆，或是一则逸闻故事，甚至是一句妙语、一个精当的词……只要与题目有关的，就都要简要记录下来。

第二步：由面到点。这个“点”是在第一步“寻思”而得的“面”的基础上，提炼出的精彩之点。面对大量可用之材，要用一种理性的眼光去作一番严格的审视。找好点后，还需经过深度思考来挖掘内涵，提升它们的价值。

第三步：由点到线。所谓由点到线，即把经过提炼的精彩之点联结成线，形成一条完整有机的思路。三步之中，它是提高文章质量的重要一环。数则材料孰详孰略，几个段落如何衔接，开头结尾如何设计，等等，都需要在这时做出统筹安排和最后定夺。

第六章

轻松提高数学成绩的做题策略

众所周知，数学知识的掌握和成绩的提高是需要做一定量的题目才能达到的，但这并不代表学习数学就要死做题、做死题。做好数学题的关键需要抓好基础，学会变通，通过对多种方法进行综合运用，达到对数学题举一反三的效果。本章针对大家在数学方面可能存在的欠缺，为大家总结了一些实用、高效的做题方法及做题指导，希望能帮助大家提高解题的效率和准确率。

054 九招做好数学选择题

选择题在数学考试题中占了很大比重，因此选择题的答题技巧就显得格外重要。优秀学生刘诗诗说："在做选择题的时候，除了按部就班地解答外，反证法是一个很简便的方法。先假设某一个答案是正确的选项，再通过推导或者计算来证明假设与已知条件或定律矛盾，从而否定假设的合理性，以此间接地确定答案。二是特殊值法。选取特殊值代入往往会使题目显得清晰。有时一道题不会做，代入0、1等这样的常数就能解答。三是极限法。将题目条件扩展到极限情况，采用极限思维，就能很快地得出答案。"

其实除了刘诗诗介绍的这三种方法，还有以下六种方法是值得我们借鉴的。

1. **直接法**。有些选择题是由计算题、应用题、证明题、判断题改编而成的。这类题目比较简单，可直接从题设的条件出发，得出正确的结论。

2. **排除法**。在拿不准的情况下可逆向进行，从选项入手，一边审题一边排除，一个个地排除掉，直至得到正确选项。

3. **估值法**。运用一些基本定义如定义域、值域或不等式的有关知识来确定一个足够小的范围，要是四个选项中有一个答案是满足的，那么正确答案也就有了。

4. **图形法**。根据题中已知条件画出合适的图形，如数轴、几何、三角函数等图像，通过在图像上的分析得出答案。

5. **归纳推理法**。根据题目中的已知条件推理下去，找出规律，归纳出正确答案。

6. **赋值法**。在一些特殊形式的选择题中，给未知量赋一个适当的便于计算的值，就可确定正确答案。

当然，有些选择题并不是只用一种方法就能解决的，这就需要我们对以上几种方法进行综合运用。

·高效·
·做题·
·锦囊·

注意选择题的关键性词语

做选择题时最忌讳的就是不认真读题，埋头苦算，结果不但浪费了大量的时间，甚至有时候还会选错。所以一定要读透题，由题迅速联想到涉及的概念、公式、定理以及知识点中要注意的问题。发掘题目中的隐含条件，要去伪存真，领会题目的真正含义。在做选择题的过程中，遇到关键性的词语可用笔做个记号，以引起自己的注意，比如说“至少”“没有一个”“至多一个”等。第一遍没做出的题也要做个记号，但要注意与其他记号区分开来，这样不容易遗漏。

055 用你的眼睛来做题

相信大家都习惯用手执笔在草稿纸上演算。但是，只用眼睛来观察题目，对大家来说就很陌生了。然而正是这个很陌生的步骤对解题却是相当重要的。以优异成绩考入浙江大学的顾亦奇同学说："用眼睛做题，可以很快就发现题目存在的显著特征，然后可以用最简单的办法把它做出来，这样既方便，又能避免走弯路，还可以节省时间。"

下面我们就举例进行说明。

x是正数，求$2x^2\cdot(1-x)$的最大值。

一部分同学一眼看去，就会毫不犹豫地去求导。但是只要大家稍微观察一下就能够发现，题目是$x\cdot x\cdot(2-2x)$，然后用基本不等式：$x\cdot x\cdot(2-2x)\leqslant\left(\frac{x+x+2-2x}{3}\right)^3=\frac{8}{27}$，一下就得到答案了。所以，系数都是用来吓唬人的。

又如：已知$f\left(\frac{1+x}{x}\right)=\left(\frac{1+x^2}{x^2}\right)+\frac{2}{x}$，则$f(x)$的解析式为（　　）。

如果大家仔细观察的话，就会发现$f\left(\frac{1+x}{x}\right)=\frac{1+x^2+2x}{x^2}=\frac{(1+x)^2}{x^2}$……

因此，平时大家在做简单的数学运算题时，首先花10秒钟进行观察是很有必要的，通过观察可以迅速找准解题方向。当然，对于一道题目，如果真要一直观察下去，剖析条件中的数字、符号各藏什么玄机，恐怕会得到很多个结论。这样的观察在大家平时无聊的时候尝试一下也是不错的，但考试时就不需要了。

想要用眼睛看出结果，这就需我们在平时解答数学题时就要学会层层推进、由浅入深。可以先找几道简单的题目来练练手，等熟练之后，再找有规律的几道复杂的题目来做，这样自己的洞察力就会不断提高。无疑，这对提高解题速度和准确率是非常关键的。

·尖子生·
·对你说·

学会阅读数学例题

读数学书与读其他书有一个不一样的地方，就是要边看边算。阅读数学例题时也不妨如此，先不忙看演算过程，可以试着先算算，算不出来，再看解答。通过对例题的阅读，你积累的例题会越来越多，这是用眼睛做好题的基础。

——河南中考状元　吴亦磊

056 找出错因，对症下药

你是不是常有这样的困惑：为什么数学题我会做但是却总是出错呢？为此以优异成绩考入清华大学电子工程系的王新同学专门总结了做错数学题的四种情况。

（1）概念不清楚或根本不理解题意；

（2）计算过程中出现了错误；

（3）方法不正确或是虽然知道题意却不知该如何下手；

（4）对题意理解失误。

那么如何提高做题的正确率，避免出现上述做错题的四种情况呢？王新同学为大家提出了以下几点建议：

针对第一种情况，你可以找出数学课本，认认真真地看一下弄错了的概念，对容易混淆的概念要进行比较、理解并找几道有关概念问题的题目来检查一下自己是否会用已理解的概念做题。

针对第二种情况，相对来说是个比较小的错误，但计算容易出错的问题也不能小视，平时做数学练习的时候就应该有针对性地锻炼自己的计算能力，否则到考试时因为计算出错而失分，那就太冤枉了。

针对第三种情况，可以做一下每一章节中那些具有代表性的典型题目，对于这些典型题目的解法要善于总结归纳，然后去找相类似的题目做一下练习，看自己是否掌握了这种解题的方法。

对于第四种情况的出现，你可以在动笔之前把题目读三遍，将题目中的关键字做个标记，读的时候要认真细致，这样就不会对题意理解错了。

不管是因为哪种原因做错了数学题，最后的结果都是一样的，那就是我们考不出好成绩。所以在平时的练习中就应该对做错的题目找出原因，多加总结，对症下药，这样我们在考试的时候才能把自己该得的分数拿到手，不致无谓地丢分。

高效做题锦囊

数学题的跳步解答法

当一个问题需要好几个条件才能解决，而有一个条件你始终得不到的时候，便可以假设这一步成立，利用它的结论来解决后边的问题。如写“可证为……”，把不知道的过程省去，是为了得到后边的分。就像证数学归纳法的时候，格式很机械，在证$N=K+1$时遇到不会做的情况，可以在中间连不上的时候，用语言强行连上。这样，老师在批卷的时候只会扣中间一两步分。在自己不会做的情况下，这种做法可以尽可能地让自己多得分。

057 教材与试卷的角色互换

做好数学题，整理很重要。通过整理可以把那些自己不太熟悉或者重要的知识点整理出来，下次再遇见类似题时解题方法就可信手拈来了。课本上的练习题，还有做过的试卷那么多，该如何下手整理呢？

我们不妨听听高考状元马田良的心得。他说："我的数学成绩一直很稳定，但拔不了尖，这让我感到很苦恼。直到有一天我忽然想到把试卷和教材两个角色互换，才改变了我的数学现状，成绩有了很大的进步。"下面我们不妨看看他的具体做法：

在试卷的空白处写上这些内容，试卷就变成了可以经常翻阅的教材：一是此试卷考什么；二是与考试相关的知识要点有哪些；三是做错的题目有哪些；四是提醒自己要注意的问题，总结自己的考试情况，写出还有哪些题型不会等。

对于教材与试卷的角色互换，大家可以这样做：

（1）认真阅读教材，找出教材中的关键题型。例如书本中的例题，课后题，数学每一个小知识点可能会衍生出的题目等，这些都要记清楚。

（2）在阅读数学课本的时候，用若干问题以考题形式总结出来（自己出题考自己）。

（3）将问题和参考答案整理到一个本子上。教材上的每一节或每一章都有思考题，把教材试卷化时，要将每一个考点对应的考查题目列得更细致一些。

通过卷子和教材的两者互换，大家可以更容易地发现难点和易错点，从而使自己做题和总结更有针对性。

·高效·
·做题·
·锦囊·

试卷和教科书的“角色互换”法

怎么将试卷与教科书进行“角色互换”呢？第一步，把试卷依照教科书的编排顺序整理好，并编上顺序号。因为考试基本是按教材顺序走的，所以整理起来应该并不费劲。第二步，在试卷的开始处写上一段“导语”。“导语”的主要内容有两个方面：一是说明这次试卷考的是教材的哪部分内容，二是列出这次考试中体现出来的知识要点。知识要点可以写得比较详细。第三步，在试卷结尾处写上一段“小结”，总结自己考试的情况，分析错题的原因，写出自己在知识上的缺陷。通过这三步，试卷就改造成教科书了。将这些试卷装订起来，反复阅读，记忆起来比单纯看教科书有效多了。

058 数学课本目录巧利用

课本目录是对课本内容的整理，大家利用好了可以使数学知识更加条理化，在解答题目的时候也就手到擒来了。

以优异成绩考入北京大学的李琴琴同学说："我平时有一个习惯就是对着数学课本的目录看，看自己熟悉的章节在哪里，自己比较陌生的章节又在哪里，从而确定一下哪些数学知识是自己没有掌握的，这样做练习的时候就有的放矢了。这种方法在考试时也帮了我大忙，遇到做不出来的题目，我会先根据题目想一下此类知识在哪一章里提到过，等把知识点归到目录上然后再想该章的主要内容。等把知识点都理清之后，思维就变得清晰多了。我能考入重点大学，这一学习方法帮了我不少忙。"那么该怎样利用目录呢？大家不妨分四步走。

1. 忆。翻看目录，看看自己能否根据目录，依序回忆起各个课题里的知识内容，包括概念、性质、法则、公式以及解题方法等。在回忆的过程中可以把知识要点记在纸上，以便加深印象。记不起来的要点再翻看相关内容。

2. 说。在回顾之后，可以几人一组共同述说各个章节的基础知识、重点内容及知识之间的联系和区别等，以此得到相互启发、相互补充的作用。

3. 写。在做完上述两项工作后，可默写目录内容，看看自己是否记住了教材中解题用到的方法或重要题型。还可以记录下自己做每章数学题时的心得和方法等。

4. 用。在解题时若遇到一时找不到思路的题目，不妨回忆一下该题目所涉及的知识点是在目录的哪几个章节里，章节的重点是什么，讲了哪些具体方法，可以用到此题中吗，等等。说不定在回忆的过程中，解题思路也就有了。

·尖子生·
·对你说·

弄清课本一共有几章

数学从初一开始一直就是我的大难题，直到上高中时成绩也未见起色。后来，我只好厚着脸皮去请教数学老师。她的第一个问题就问得我哑口无言——从高一到高三数学书共有几册，每册又分哪几章？看到我一脸尴尬，她笑着指出我的毛病：只会就题论题，不明白书本体系则不能融会贯通，不会归纳题型则无法举一反三。所以在做数学题之前，还是先把课本一共有几个章节，每个章节讲了什么，每个章节中涉及的基本定义和题型是什么搞清楚吧。

——南京大学国际贸易系　赵静

059 不可不知的解题方略

解题方略就是指解题时的思路和计算，主要是指："为什么做？""怎么做？"……

对于如何解答常见的数学问题，北京大学的刘瑞国同学说："做好此类题，除了扎实的基本功外，还必须有一套自己的'解题方略'。当一道数学题目摆在面前时，第一，我会先想一下该题要考查的知识点，回忆一下以前是否遇到过此类题目。第二，回想一下，此类题目通常采用哪种可行的方法？解答此类题的思路是怎么样的？以此找到题目的突破点。第三，反思对该题目的推导过程是否合理，逻辑有没有漏洞，所考虑的情况是否全面等。第四，检查得到的结论是否合乎逻辑，代入检验看是否符合题目条件。第五，总结此题是否有价值，价值体现在哪里。把题目中的精华提炼出来，可以是方法也可以是结论。这便于提高自己的解题能力和反应速度。"

刘瑞国同学补充说，肯定会有通过上述方略解答不出来的题目，这时大家也可以这样做。

（1）遇到棘手的题目不妨先尽力在大脑中搜索以前是否做过这类题目，哪怕是一点点类似的题，都应该抓住，这也许就是解答题目的突破口。

（2）要是通过思考还是解答不出来，那么干脆就把题目放在一边，过一段时间回头再看，也许思路也就有了。

（3）假如还是想不出来，就索性去看答案，或解题过程的最初一两步。一有启发，就不要往下看了，看自己能不能通过看到的这一两步提示做出答案。

（4）在得到结果后，将此题的解答思路和答题技巧牢牢记住。以后再碰上此类题目，我们就有经验了。

解题方略可以帮助我们找到题目的突破口，是我们成功解决题目的关键。

·高效·
·做题·
·锦囊·

只有一种方法远远不够

做数学题时，只用一种方法是远远不够的。要放开你的眼界，对已知条件进行分析、综合，在脑中设计出多种解决途径，一条行不通，就选择另一条。所以我们在平时做题时，若时间允许就要适当地多找几条解决问题的途径。这种习惯对于考试来说是非常有效的，因为当你在一种方法上陷入绝境，无法进行下去的时候，能否快速找到另外一条解决方法就成为你能否解题的关键了。

060 做题也需详略得当

很多同学做数学题时眉毛胡子一把抓，不对题目加以区分，拿到题目就做，更不会总结经验，寻找方法。结果做了的题等于白做，仍然一无所获。要摆脱这种情况，我们就应该对题目区分对待。对此，以优异成绩考入武汉大学的陈友生同学说：

对于综合题，我采取“略做”的方式，即重点寻求解法，分析题目类型，总结经验。例如，老师曾讲过一个因式分解的例题：$a^3+b^3+c^3-3abc=(a+b+c)(a^2+b^2+c^2-ab-bc-ca)$。老师要求同学们作为公式记住。我不仅记住了结论、分解的方法和过程，而且还找到了当立方项底数的和等于零即$a+b+c=0$时，则$a^3+b^3+c^3=3abc$的规律。所以在遇到因式分解$(x-y)^3+(y-z)^3+(z-x)^3$这道题时，一看底数的和恰好等于零，就知道$(x-y)^3+(y-z)^3+(z-x)^3=3(x-y)\cdot(y-z)(z-x)$，由此这道题可以略做了。

对于基础题我则是“详做”。一般来讲，数学课本上和老师选讲的例题是很有代表性的，因此我在每学完一个单元后，就以例题来归纳本单元有哪些典型题。对于课后题，这是课堂上基础知识的应用，因此一定要吃透，所以对于例题和课后题我都是很详细地去做。此外，在平时做作业时要养成规范的答题习惯，做题步骤一步接一步，力求步骤完整、解题思路清晰。

陈友生同学的“略做”与“详做”，实际上是回答了如何在做数学习题时处理好基础与提高的关系问题。太重提高，忽视基础，则必然表现为一天到晚做难题（即所谓“综合题”），结果并不理想。反之，太重基础，忽视提高，则必然表现为一天到晚重复那几道例题，只会套公式，稍有变化便不知如何入手，这都是不利于数学成绩提高的。正确的做法就应像陈友生那样，有详有略，两者兼顾，相互促进。

·尖子生·
·对你说·

数学题“循环做”

我的数学题都是按套编号的，题量不是很多，但我都是有计划地循环做。实际上，考试题目虽说千变万化，但是全新、让你一点摸不着套路的题目其实是很少的，大多数是一些你见过的题目的重新组合。如果你对组合前的题目充分了解，何患组合后的不会解呢？所以我建议大家对题目要循环做，有些题只做一遍是不行的，要做两遍、三遍甚至更多遍，才会真正理解、掌握。

——黑龙江高考文科状元　刘阳

061 做数学题需要提速

有的同学出了考场后，愤愤不平地说：“再给我几分钟，我一定做得完。”是的，不管中考还是高考，答题的时间都是有限定的。为了避免做不完题的情况出现，我们平时在做数学题时就要在准确的前提下，提高做题速度。

陕西高考状元程鹏同学认为，在保证准确率的情况下，提高数学的做题速度是很有必要的。他写道：“考试既考会不会，还考熟不熟，即要求你做得又快又好。所以认清了这一点后，在平时做题的时候，我就要求自己在规定的时间内完成，然后自己改卷评分。”很多人之所以考试时数学题做不完，就是平时缺少这种高强度的训练。在都能做出一道题目的前提下，一个同学用3分钟解出来，另一个用40秒解出来，时间的利用上还是存在很大差距的。而在考场上，“时间就是分数”。

程鹏补充说，大家在平时的练习中可以这样做：每天做一小套模拟卷，所谓“一小套”就是只做选择题、填空题以及前三道大题。后三道大题只看不做，主要以开阔思路为目的，切忌死抠难题。这样做可以训练自己做基础题的速度，基础题用的时间少了，后面的综合题也就有足够的时间去解答了。

我们所要达到的目的：

选择题和填空题争取在20分钟到30分钟内解决；

前三道大题在20分钟到30分钟内解决；

给最后三道大题留出来最少1个小时的时间。

当然，在时间的分配上同学们可根据自己的实际情况循序渐进地进行演练。另外提醒大家一点的是，尽管是限时训练，但是解题的基本步骤还是需要写清楚的，平时训练注意到这点了，考试时就不会出现乱涂乱改的现象了。

·名师·细节·指点·

技巧试验法

有时候我们在题目“会不会”上想的办法很多，但是在训练“快不快”上则似乎招数有限。在提高速度方面这里讲一个小妙招，那就是同学们在平时做题的时候，要大胆尝试各种技巧，比如先做会做的，后做难题；又比如从后面往前面做；等等。反正是在做练习，大胆尝试就可以了。经过自己的反复试验和不断摸索，你会逐渐找到一套适合自己节省时间的方法的，如先做什么，后做什么，草稿纸怎么用，答题卡怎么用，等等，等到考试的时候定会从中受益。

——吉林省优秀教师　阮峰

062 知识点网络总结法解数学题

2005年山东高考理科状元张振说："所谓的知识点网络总结法，就是在平时做题时，如果解答中遇到困难的题目，就将与这道题目有关的解题方法和所考查的知识点在本子上总结出来。经过一段时间的训练，在考试的时候看到题目就能联想到有关的知识点，并迅速找到相应的解题方法。"

用知识点网络法来解题，我们首先得建立知识点网。除了张振同学上述所说的，我们不妨再看看以下两种构建知识点网络的方法：

1. 以考试说明为指导，把握考试命题方向。考试说明作为法定文件，考生要认真研读。在研读考试说明的时候要想一想数学要考的知识点到底有哪些？哪些是考试的重点？哪些又是仅作为考查的？总结的时候把每一个知识点归结到每一章中，以便自己在做题时随时提取。

2. 以知识点联想为手段，构建基础知识点网络。"数学知识点联想"是一种不错的构建知识点网络的方法。比如说线面垂直、二次函数、数量积等，想这些关键词，然后围绕关键词联想出与之相关的"真命题"，可以是公理、定义、定理，可以是自己从题目中总结的结论。

第七章

妙用方法巧做英语题

英语考试重在考查大家的听、读、写能力。要提高英语成绩，仅掌握必要的英语单词和语法是远远不够的，还需要在做题这一实践中加以运用。不同的英语题型考查的侧重点各有不同，解答方法也不尽相同。本章节针对英语考试中的常见题型（听力、单选、完形填空、阅读理解、作文）给大家提供了一些十分有效的解题方法与技巧，希望能帮助大家提高英语做题效率，攻克英语难关。

063 做好听力题的几个小技巧

听力是大家做英语试题最先接触的类型。听力测试主要有对话理解和短文理解两种形式。有的同学做听力题时因为思维节奏跟不上导致情绪紧张，最后的结果是越紧张越出错。江西高考状元张晓说："解答听力题，除了平时多听、多读、多积累外，还要掌握一定的技巧。"我们不妨听听她的几个小技巧。

1．**整体浏览所设问题，预测话题。**由于在听的过程中时间有限，所以我们在听对话之前就应该抓住时间空隙，整体阅读所设问题及选项。这样有利于我们预测将要听到的对话或独白中可能会出现的内容，也能让我们提前了解到每段听力材料中可能会出现的单词，便于我们在听录音时抓住重点信息。

2．**边听边记，强化记忆。**由于成篇的听力材料的信息量大且集中，中间又夹杂着大量的冗杂信息，这样就对大家提出了较高的要求。所以，我们在听录音时，要养成边听边记的习惯。记录时要有重点、有技巧。例如：有关数字的内容，用阿拉伯数字记录；地名、人名用相关的字母代替；单词用缩写；长句抓住主要意义的单词或短语等。

3. **运用归纳、分析、综合等技巧推断最佳答案。**整体听力材料所提供的信息非常多，句子长，结构复杂，所设问题综合性强，大家往往不能从材料中直接听到选项答案。这时就需在理解录音材料大意、掌握其中重要细节的基础上，再经过分析、判断，才能选出最佳答案。

4. **了解文体特点，注意结构层次。**一般情况下，整体听力材料第6～10段中都有一段独白材料，在听这段材料时，如果能充分了解短文的文体特点和结构层次，将有助于我们在听的过程中分清主次，将注意力集中在关键语句（主题句）和与问题有关的内容上来。

相信同学们掌握了以上几种技巧，再加上平时的刻苦训练，听力成绩定会有大幅度的提高。

·高效·
·做题·
·锦囊·

克服犹豫不决的毛病

不管听什么材料，注意力一定要集中在整体的内容理解上，千万不能只停留在个别单词或单句上。听不清时马上放弃，不要强迫自己听清楚每个词，要把重点放在听关键词上。对自己有把握的试题要快速作答，对无把握的题目也要在所听信息的基础上排除错误选项。不会作答的，立即暂时搁置，准备听新的题目。犹豫不决只会浪费时间，对答题是极为不利的。

064

单选题有窍门

众所周知，英语试卷中的单项选择这一题型考查知识面广，需要我们有扎实的语法知识、丰富的词语用法积累，以及结合语境灵活运用语言的能力，因此，不少同学感觉此项内容在考试中不易得分。那么我们在解答英语选择题时除了直接作答外，还有其他的小窍门吗？我们不妨看看天津的高欣老师给大家提供的几个小窍门。

1. 捕捉标志性词汇，寻找解题突破口

eg: _____ rapidly by the body，sugar provides a quick energysource.

A.Digested；B.Digesting；C.To digest；D.Having digested。

此题的关键词是“by”，它可以提示给各位同学，这里需要一种被动的关系，这样就很容易得出正确选项为A。

2. 利用标点符号线索，准确锁定最佳答案

eg: _____ some of the juice–perhaps you will like it.

A.Trying；B.Try；C.To try ；D.Have tried。

英语中的标点符号往往能够帮助你准确判断句子结构，做出正确选择。英语中的破折号是用来连接两个完整的句子的，从这一点入手，很快就可以排除A和C。选项D时态明显错误，因此选B。

3. 排除法

eg：How long have you _____ the book?

For a week.

A.borrowed；B.kept；C.lent；D.bought。

在对四个选项难以确定的情况下，大家可以采取逐个排除的方法，找出正确答案。borrow和lend都有“借”的意思，为非延续性动词，不可接时间段，故排除。buy是“买”，也是非延续性动词，不合题意。正确答案为B。

4. 比较法

Would your younger brother go for a picnic this Sunday?

If I do not go, _____.

A.so does he；B.so he will；C.neither will he；D.neither does he。

根据主句的否定形式，确定引导词是neither。再考虑主句是if引导的条件状语从句，且用一般现在时，得出答案为C。

·优秀教师·
·对你说·

尊重表达习惯

在做选择题时要根据不同国家的习惯进行答题，如：You've given us a wonderful meal， Mrs Jackson. 此时，应回答：Thanks a lot.I'm glad you enjoy it. 中国人在接受别人称赞时，往往会客套“噢，不不，不过如此。”而英国人则欣然接受对方的称赞，并表示感谢。所以在单选中遇到对话问题时，一定要注意弄清语言习惯。

——安徽省优秀教师 陈光蓝

065 还原法在解题中的妙用

高考的一些单项选择题的测试点本来十分简单，但命题者有意把题干复杂化，改写为一个少见或陌生的结构。对于这类题我们要摆脱思维定式，把题干还原成自己熟悉的结构，这样题目就会变得简单了，大家也容易作答了。广东省的蒋开杰老师对这种方法进行过具体阐述，现在我们为大家做一介绍。

其一，将倒装句还原为陈述句。对于倒装这类题，可将题目还原成陈述句，原来不熟悉的句子就会变得熟悉起来。

Was it because he was ill _____ he didn't come to the meeting?

A.when；B.which；C.that；D.how。

这是一句倒装句。将本题还原成陈述句后，本题题干应是：It was because he was ill _____ he didn't come to the meeting. 这时，本题的结构就变得十分清楚了，一看便知。

其二，将陈述句还原为倒装句。与上面相反，有些句型，我们平时熟悉的可能是其倒装形式，这时将陈述改为倒装便更容易作答。

其三，去掉从句或插入语。如果将题目中的从句或插入语去掉，复杂的句子就会还原为简单的句子，答案就显而易见了。

其四，改被动句为主动句。一般来讲，如果将被动句改为主动句，看起来就轻松多了。

其五，改省略句为完整句。此类题目完全可以将被省略的成分补上，将省略句还原为完整句。

How long has this bookshop been in business?

______1982.

A.After；B.In；C.Since；D.From。

如果将本题的答语部分还原为一个完整的句子的话，这个句子应为：This bookshop has been in business ______1982.这时，句子的结构就很清楚了。在所给的选项中只有since能和现在完成时连用，故本题的答案为C。

·优秀教师·
·对你说·

注重对句式进行分析

做选择题时要注重句式分析，判断出是简单句、并列句还是复合句（定语从句、状语从句、主语从句、表语从句、宾语从句、同位语从句）。句子结构在英语单选题中起着关键作用，如果分不清句子结构，往往会出现张冠李戴的错误。

——湖南省优秀教师　盛夏

066 做好完形填空的六大线索

完形填空题，是从语篇角度综合测试考生的阅读理解能力、词汇的掌握情况和英语习惯用语的熟悉程度，所以有人称完形填空为“障碍性阅读理解”。但是我们不难发现，完形填空的每一个空格都不是孤立的，它与上下文有着明显或微妙的关系。这就为大家做出正确选择提供了各种线索，比如语义逻辑、语法框架、词汇搭配、词义的应用和概念及一些非语言性的知识等。下面我们就具体来谈一下六种线索在解题中的应用。

1. 语义线索。某些项的选择可以根据“语义”来决定，即已有的词或句子的语义决定着必须选择某个选项，否则文章的语义逻辑就不通。

2. 语法线索。指所填入的词与上下文可能发生的语法方面的联系。

3. 词汇线索。有些完形填空要填入的词与上下文其他词有各种联系，文中的词往往在词义上或搭配上决定了应填入的词。例如：

Some parts of the water are very shallow. But in some places it is very_____.

A. deep；B. high；C. cold；D. dangerous。

根据转折连词but的提示，所填入的词应与shallow相反，因此选A。

4. 概念线索。在完形填空题的上下文中，有时会出现一些词与空格内需要填的词同指一个人或事物，甚至可以在上下文中找到应填的同一个词。

5. 语篇线索。Washoe is a young chimpanzee（黑猩猩）. She is no __41__ chimpanzee，though. Scientists are doing a research __42__ her. They want to see how civilized she can __43__ .Already she does many things a human being can do.

41空的选项是foolish、ordinary、special、simple，均为形容词，都能修饰chimpanzee。根据下文，此黑猩猩在接受驯化，已经可以做人能做的许多事，从而便可确定，它不再是普通的（ordinary）黑猩猩了。如果不前后参照地去辨别四个词的用法，是无法选出正确答案的。

6. 超语言线索：在完形填空考题中，有时不能利用以上几种线索决定选项，这时往往要根据自己对试题内容的有关背景知识的了解来决定填入的选项。例如：Every morning she would give him breakfast in bed and bring him the paper to 30 . ______

A.check；B.read；C.keep；D.sign。

外国人早上有读报的习惯，其中paper即为报纸。这是理解本文细节的关键，有了这些文化背景知识，可迅速推断出正确答案为B。

·优秀教师·
·对你说·

验证完形填空答案的三项标准

在解答完形填空时，确定一个答案是否正确的第一个标准就是看它是否符合意思表达上的需要。有三种验证方法：①放在原句中是否能使该句意思通顺；②是否符合上下文；③是否与全文整体意思协调一致。

——甘肃省优秀教师 吴华

067 词义推断题三招过关

众所周知，近年来英语阅读理解题非常重视考查学生的词义推断能力。词义推断是英语阅读中的一个重点，同时也是难点。那么怎样才能把这类题目做好呢？江苏省的郝昌明老师提出了一个三招过关的方法。这三招是：一、弄清人称演变过程，巧妙推断代词的意义；二、结合原有含义分析所在语境，巧妙推断熟词新含义；三、认真分析语境逻辑，巧妙推断生词含义。

下面，我们就具体来看看这三招在英语阅读时的应用。

1. **弄清人称演变过程，巧妙推断代词意义。**代词意义判断题主要考查学生结合语境逻辑推断人称代词、指示代词和关系代词意义的能力。一般来说，代词意义判断题应认真阅读特定代词所在句和前后邻近句，分析人称转换和动作变换的详细过程，弄清来龙去脉，以便准确理解特定代词在意义上的替代对象。

2. **结合原有含义分析所在语境，巧妙推断熟词新含义。**不少熟词或词组在特定语言环境中会产生新的含义，解题时应将原含义与新语境结合起来综合考虑，从而准确推断出在语境中的新含义。

3. 认真分析语境逻辑，巧妙推断生词含义。生词词义判断题是英语阅读题中最常见的题型，解题时应该认真分析语境逻辑，借助因果关系、转折关系、条件关系、递进关系、让步关系、对比关系或并列关系巧妙推断生词含义。例如：Here was an abundance of food, that is to say, everyone had lots to eat.单单看abundance这个词，我们可能很陌生，但是通过that is to say后面解释的：everyone had lots to eat，就不难猜出abundance是“大量、很多”的意思。有时我们经过一段努力也很难猜出一个词的真正意义，这时只要我们能看出它的词性、在句中的作用，不影响阅读就足够了。

·优等生·
·经验谈·

方便好用的替代法

在英语阅读理解中需要大家推断的词大致有两种情况：一种是大纲以外的生词，另一种是大家认识的常用词。上述情况都是考查引申意义或语境中的临时替代意义，那么我们就可以利用替代法来解这类题型，因为这种方法好把握。所谓替代法，就是利用题目设置选项中的词替代画线部分的词，检验上下文意思是否合理。如果合理，毫无疑问我们的解答便是正确的。

——清华大学建筑学院　谢新颖

068 巧答英语阅读中的事实细节题

考试的题目很多是依据文章大量的事实和细节而设计的，而且多数情况下是间接理解题，要求大家在理解的基础上通过自己的思维将理解内容系统化和条理化，比如计算、排序、选图等题。选项的表述也通常不是用文章的原话，而是使用同义的词语来表达，所以做题时一定要回到短文中，找出与答题内容相关的词语和句子，找到关键词后最好在下面画线，以便检查。英语细节题型常见的提问方式有：

According to the passage, who/ what/ which/ when/ where/ while/ how/ how many/ how much/ how long/ how soon/ how often...

According to the passage, which of the following is true/NOT true?

According to the passage, which of the following is NOT mentioned?

All of the following are true EXCEPT ______.

下面我们就根据这种题型的几种常见形式给出具体的解答方法。

1. **排序题**。这种试题要求考生根据动作发生的先后顺序和句子之间的逻辑关系，找出事件发生的正确顺序。可采用“首尾定位法”，即先找出第一个动作和最后一个动作，迅速缩小选择范围，从而快速选出正确答案。

2. **同义（反义）转换题**。此类题通过语句的同义或反义转换来考查同学们对英语语言的理解能力。针对这类题，从题目中寻找与原文相关的同义或反义表述即可。

3. **快速寻找信息题**。一般为功能阅读，查字典、广告、公告、演出信息、航班时间表等。做这类题时没有必要阅读全文，宜采用“题干定位法”。

4. **代词指代理解题**。一般是在人物或事物关系比较复杂的情况下使用的一种题型，所以理清人物及事物之间的逻辑关系是关键所在。可采用“逻辑关系梳理法”，使人物或事件关系条理化、简单化、明朗化。

·优等生·
·经验谈·

从细节入手

在阅读叙述文时，要特别注重细节，对一些意义深刻的句子也要多加分析。科技文和广告之类的文章语言表达大都直白明确，语言显豁，看这类文章先要理清思路，要准确理解“科学概念”“广告产品”的术语，特别要注意某些词句在语境中表达的“临时意义”。社科类文章的特征，常有运用引用和比喻的句子，要学会通过喻体理解文章的“主体”。此外还要关注首段末句、关注文章例子与主题的关系等。

——北京大学　王晓雨

如何提高英语阅读效率

阅读效率与阅读速度、理解率两个因素相关。只有速度没有理解率或理解率很高而速度上不去，都不会有阅读效率。英语考试的阅读理解题信息量非常大，要在短时间内快速通读并理解不是一件容易的事情。以优异成绩考入北京大学的赵世博同学说："很多同学在做英语阅读理解题时，总会遇到时间不够的尴尬，结果往往阅读理解题得分很低。如何提高阅读效率呢？关键就要看你的策略了。"那么，赵世博同学的策略具体指的是什么呢？我们不妨来具体看看。

1. **先看题目再看文章。**一般而言，我们做阅读题都要先看文章再做题目，这种阅读方法有利于对文章整体的理解，有合理之处，但对于应试却不是最有效的。大家做的英语阅读题也不少了，只要稍微留心就能发现"题不离文"。所以我们最好的办法就是"先看题目再看文章"，也就是说，带着问题有针对性地看文章。这种方法可以帮助大家有效率地确定阅读重点，正确地寻觅到命题者的思路。

2. **加强对文中重要信息的判断。**在浏览文章的过程中，大家可以寻找“信号词”来区分重要信息和非重要信息。如提示下文所涉及的重要信息的词组：the main、important point、conclusion、reason、the point to note here等；提示下文结构框架的词组：there are three major reasons等。

3．眼脑并用。在做阅读理解时，眼球总要不断地“移动—停顿—移动”着，我们的思考是在“眼停”的瞬间进行的。要使眼停的时间相对增加，就要扩大视读的广度，把逐词逐句的点式阅读变成一次扫描一句的线式阅读。并且把看到的东西迅速报告给大脑，形成较快的眼脑反应能力，切不可在个别难懂的词句上磨蹭半天。

2016年吉林高考文科状元马程认为，提高英语阅读效率，关键还在于平时多记单词，养成阅读英语读物的习惯，读的多了，速度自然就上去了。

·优等生·
·经验谈·

阅读要集中精力

在做阅读时要去掉杂念，心绪要安定，精神要专一。这样便于形成大脑皮层的优势兴奋中心。切不可一遇到几个生词难句，就心烦意乱，失去自控能力。心理学家告诉我们，任何恐慌和过分紧张的情绪都会形成一种消极因素，妨碍大脑的正常思维功能。因此，遇到困难一定要从容不迫，心无旁骛，这样才能对所读的文章印象清晰，理解深刻。

——云南师范大学附中　胡云飞

070 翻译题拿分的几种好方法

翻译题是英语阅读表达的一种考查形式，很多同学对此类题目不得要领，往往是心里明白却不能清晰地表达出来，该得的分数拿不到手。这类现象是因为大家没有熟练地掌握一定的翻译技巧。下面，我们不妨听听一线教师尚老师为大家总结的几种方法。

1. 意译法。通常我们采用最多的是直译法。可是我们常会遇到一些容易理解，但难以表达或者表达不到位的情况，往往是英文中的一个常见词就是找不到确切的汉语来表达。这时我们可以采用意译法。例如：Distance from the event should make the memories less painful.（时过境迁，痛苦的往事会在记忆中淡漠。）再如：She showered us with telegrams.（她的电报纷至沓来。）

2. 增译法。由于英汉两种语言的差异，在英文看上去比较正常的句子，译成汉语时，如果不或增或减一些词，可能无法把英文的原意表达出来，这样就需要适当地运用添减词法。在英译汉时需要根据情况适当地删减。例如：What about calling him right away?（马上给

他打个电话，你觉得如何？）（增译主语和谓语）

3. **拆句法**。即把一个长而复杂的句子拆译成若干个较短、较简单的句子。例如：Increased cooperation with China is in the interests of the United States.（同中国加强合作，符合美国的利益。）（在主谓连接处拆译）

4. **倒置法**。在英语中，许多修饰语常常位于被修饰语之后，因此翻译时往往要把原文的语序颠倒过来，原则是使汉语译句符合现代汉语叙事的一般逻辑顺序。例如：Great changes have taken place in China since the introduction of the reform and opening policy.（改革开放以来，中国发生了巨大的变化。）（全部倒置）

5. **时态的译法**。英语中有专门表示时态的句子成分，而汉语则没有，因此，为准确地翻译出英语的意思，有时必须加一些表时间的虚词，如着、了、在等。

相信大家在把握文章意思的基础上，再根据上下文的联系就可以合理地翻译出来了。但一定要做到表达完整、句子通顺，切勿望文生义。

翻译完毕要检查

句子翻译完后要检查。检查一般有三种方法：一是检查译文是否忠实于原文。通过把译文和原文对照比较往往会发现翻译存在的问题；二是检查译文本身是否通顺。把译文通读一遍，如果觉得读起来很别扭或者有歧义，那很有可能是翻译不通或表达不清楚；三是检查译文是否有笔误，是否有漏洞，是否有代词未转译，时态是否译出，数字、日期是否译错，标点符号是否用错等。

——北京四中优秀教师　韩美莉

071 六种方法写好英语作文开头

万事开头难。要写好英语作文的开头也是如此。那么怎样写作文开头才能一下子引起读者的兴趣呢？大家不妨试一试以下六种方法：

1. 开门见山，揭示主题。文章开头一般来说应该尽量做到开门见山，用简单明白的叙述引出文章的话题，这样便于老师阅读。如作文“How I spent my vacation”的开头是：I spent my last vacation happily.这样就直接跟主题呼应了。

2. 交代人物、事情、时间或环境的开头。文章开头先把人物、事件和环境交代清楚，让人一目了然。如作文“A trip to Jinshan”的开头：The day before yesterday my class on a trip to Jinshan，it took three hours to ride there.The long trip made us very tired，but the sight of the beautiful sea refreshed us.

3. 回忆性的开头。用回忆的方法来写作文开头也不失为一种好方式。如作文“A Trip to the Taishan mountain”的开头是：I remember my first trip to the Taishan mountain as if it were yesterday.

4. 概括性的开头。即对文章中叙述的人或事作一个概括的介绍。如作文“The Happiness of Reading books”的开头：People often say that gold and silver are the most valuable in the world，but I say that to read books is more valuable than anything else，because books give us knowledge and knowledge gives us power.

5. 介绍环境式的开头。即开头利用自然景物或自然环境引出要介绍的事物。如作文“An Accident”的开头：It was a rainy and windy morning. The sky was gloomy，the temperature was low，and the street was nearly empty. I was on my way back to school. Suddenly，a speeding car came round the corner.这种开头往往能使人对下文充满好奇心。

6. 交代写作目的的开头。在文章的一开头就交代写作目的，通过文章要说明什么问题等。如作文“Pollution Control”的开头：In this article I shall draw your attention to the subject of pollution control.

名师细节指点

练习造句的几种小方法

在考生的英语作文中，常会出现大量的语言错误，比如主谓不一致、名词单复数不分、动词时态语态滥用等，这些错误严重影响了主题的表达。多数考生在写作上的主要欠缺其实不是写作理论和方法，而是最基本的单句写作能力。练习单句的常用方式有：①用单句和词组造句；②按规定的语法条件造句；③给出主语和谓语完成句子；④把给出的主语和谓语两部分适当搭配成句；⑤按规定的条件扩展、缩短、改写句子；等等。

——武汉七中优秀教师　林容章

072 英语作文用“亮点”得高分

怎样使自己的作文有“亮点”呢？大家不妨看看一些尖子生们总结的方法。

1. **改变句子的开头方式。**不要一味地都是主语开头，可以把状语置于句首，或用分词作状语等。例如：The other day my brother and I went to the shop by bike.

2. **灵活运用多种类型的句子。**在整篇文章中，只是用一两个句式难免给人乏味感。我们可以灵活运用强调句、倒装句、省略句等。例如：It is the dog that has saved my little sister.

3. **注意连接词与句子的运用。**以2001年高考作文为例，在信的开头，可加上：“Do you want to know something about what is going on in schools in China? ”这句话起承上启下的作用，使文章过渡自然。

4. **写好文章结尾。**可用首尾呼应结尾，反问式结尾，含蓄性结尾等。以首尾呼应结尾为例：作文题目是“I Cannot Forget Her”，结尾可以这样完成：After her death，I felt as if something were missing in my life. I was sad over her passing away，but I knew she would not have any regrets about having given her life for the benefit of the people.

第八章

物理题的解答妙招

物理是跟概念、公式、实验、数学紧密联系的一门学科，也是理综中分值最大的一门学科。物理的学习有一个原则性的要求，就是必须心到手到。有的同学以为物理光凭看就可以心领神会，这样学物理只会有一个结果，那就是面对一个具体问题时感到似曾相识，但却算不出准确的答案。

物理科的学习特点虽然以理解为主，但只有通过适当地做题，才能提高自己的运算能力和速度，从而锻炼思维的快速应变能力和理解运用能力。本章针对物理题的常见题型及出题特点，帮大家理清了解物理题的基本脉络，还为大家提供了一定的做题及思维技巧。

073 “投机取巧”做好选择题

做物理选择题，不管是哪种类型，我们解题的原则一是提高解题速度，二是提高解题准确度。以优异成绩考入中国人民大学的李超然同学说：“我认为做选择题可以‘不择手段’，这里的不择手段是做选择题时要用一些方法灵活解题，不要拘泥于直接解法。包括对极少数的题目解不出答案的，可以大胆地猜想。”

下面我们就来看看，李超然同学做物理题都用了什么“非常手段”。

1. **题目中找答案。**在一道设计巧妙的试题中，没有一个字是多余的，其实，有时候作者已经将答案高高悬挂在题干上了，只是看你愿不愿意用心去发现。有些题目只要我们仔细地阅读一下，题目就能迎刃而解了。这种类型的题目考的是我们对新知识的学习能力，而不是对已有知识的反馈能力。

2. **掌握出题规律。**对于选择题，有这样的一个小经验，物理选择题中很少有ABCD同时选中的。所以当我们选了多个选项后，要三思而行。我们应该站在出题者的角度去揣摩，而不应该主观臆断。

3. **特值代入法**。特值代入法是将题目中所涉及的某一类物理量取特殊值，通过相对简单的分析和计算进行判断的一种方法。它适用于将特殊值代入后能将错误选项均排除出去的选择题，也可以作为一种将正确选项范围缩小的方式应用于不定项选择题的解答中。

4. **排除法**。这种方法要在读懂题意的基础上，根据题目的要求，先将明显的错误或不合格的备选答案一个一个地排除掉，最后剩下正确答案。注意有时题目要求选出错误选项，那就要排除正确的选项。

北京大学的吕志鹏也认为，在做选择题时，要敢于猜想，但猜想不是瞎猜，而是根据一些信息（能从题中得到或由逻辑分析得出）来判断。

·优等生·
·经验谈·

从易混淆处突破

物理中易混淆的地方几乎涵盖了中学物理的方方面面，而且这些易混淆的地方并不只停留在一些表面，不是大家背一背、记一记就可以解决的。而恰恰是这些容易叫人搞不清的地方却是命题人最容易做文章的地方。为了将这些容易混淆的地方拿下，你可以把易混淆的物理知识记录下来，写在不同的纸上，以此来进行区分。其次还可以将易混淆的知识、相关的考题，以及解决方法、心得等，写在相应的易混淆的问题下面。

——复旦大学　徐紫薇

074 从审题中挖隐含条件

审题是解题的第一个步骤，是解题中一个十分重要的环节，细致深入的审题是顺利解题的必要前提。有的同学题目都没有审好就匆忙动笔，最后导致一步错步步错，浪费了大量时间。那么大家该如何把物理题审好，准确地找出题目中的隐含条件呢？大家不妨从以下几点入手。

1．**注意题目中一些提法的具体含义。**例如“一物体在光滑面上运动……”，其中“光滑”的含义为不计摩擦，所以隐含条件为物体所受的摩擦为零。又如“一颗手榴弹在空中自由飞行……”，其中“自由”的含义为手榴弹仅受重力作用，所以隐含条件为：手榴弹只受一个力——重力。

2．**掌握一些物理现象出现的条件。**当找到什么条件存在会出现什么现象后，一旦题目给出某种现象，马上就可以找出相应的隐含的条件。又如“一个物体匀速运动……”，要出现这种现象，前提条件是物体必须不受力或受平衡力作用，所以隐含条件为：物体不受力或受的是平衡力。

3. **记住有关数据之间的关系。**同学们应该扩大知识面，记住某些物理量的数据之间的“大小”关系。例如：“等质量的铁块和铝块哪个体积大？”显然，仅知道质量无法判断，还需知道密度，所以隐含条件为：铁的密度大于铝的密度。

4. **注意发现一些物理量之间的外在联系。**有些物理量在人为添加一些条件后，就存在一定的外在关系了。找出这些外在关系就等于找出了隐含条件。例如“一台天平两边分别放一个铁块和一个铝块，天平平衡……”，由天平平衡条件可知，其隐含条件为：铁块和铝块质量相等。

此外大家还要熟练地掌握物理概念和规律。掌握了这些规律，从题目中找出隐含条件也就不难了。

·尖子生·
·对你说·

“两头堵”的分析方法

许多同学感觉物理题不好做。这主要是因为思考方法不对头。当拿到一道题目后，一般有两个思路：一是从选项入手，看着结论想已知，分析这道题目所要考的知识点，通过对结论的分析，逐步向已知条件靠拢；二是“发展”已知，从已知想“可知”，问一下自己通过已经知道的条件怎样才能跟选项挂钩，由已知逐步推向未知。当两个思路“接通”时，便得到解题的通路了。这种方法说起来容易，但真正领会和掌握并非“一日之功”，还需要同学们在学习过程中逐步地体会并加以应用。

——武汉大学　张贵山

075 养成画图的做题习惯

学习物理离不开图形，从运用力学知识的机械设计，到运动学的图像表达，到运用电磁学知识的复杂电路设计，都要依靠“图形语言”来表述。所以，按照科学的方法动手画图是学习物理的重要方法。对于一个物理过程，必存在一个过程图。一个清晰明了的过程图，能够帮助我们更清楚地看到整个过程，可以说是解物理题的一大法宝。

以优异成绩考入北京大学的吕志鹏同学说：

学好物理的关键之一是画好示意图。画图有直观、简捷、明了等特点，常常是解题的好工具。对于物理来说图形的直观性就更强，而且物理的有些关系式必须通过图像来得到。当解题者将对文字的理解转化为图表，并体现出在整个物理环境中物体之间的关系时，就等于解决了问题的一半。如果我们在平时养成一个良好的习惯，每做一道题，第一步就开始画图，这对于我们解答那些复杂的物理过程，并进一步分析是非常有帮助的。通过作图也可以提高大家对过程的分析能力。

要想画好图首先我们就要学会熟练作图，比如力学中的受力图、运动情景图、v–t图、电学中的电路图、光学中的光路图等。其次要学会根据现成的图形识图，要注意结合条件看图，在复杂的图形中看出基本图形。例如，在计算有关电路的习题时，已给出的电路图往往很难分析出是串联、并联还是混联，如果能熟练地将给出的电路图画成等效电路图，就会很容易看出电路的连接特点，使有关问题迎刃而解。

·优秀教师·
·对你说·

用框图帮助自己记忆

为了避免因学习的知识过多而出现记错、记混的现象，我们可以试着按照课文和某些辅导材料中绘制的框架图去帮助自己记忆和理解。有时，适当地对概念进行分类，可以使所学过的内容重点突出，脉络分明，也便于自己进行分析、比较和概括。通过这种方法，不但能够加深对基础知识的理解，而且还能收到事半功倍的效果。如在动力学这一板块中，我们可以根据受力的不同，建立不同受力与各种运动形式对应的网络图，帮助我们对这一部分概念多、内容复杂的知识进行有效的梳理。

——福州市优秀教师　廖亚林

076 解题时注意公式成立的前提条件

我们可以形象地把解开每一道题的物理公式称为钥匙。但是钥匙也需要在合适的条件下才能打开题目的大门。若是大家在解答物理题时不注意公式成立的前提条件，就会导致一错再错。比如下面一道题目：

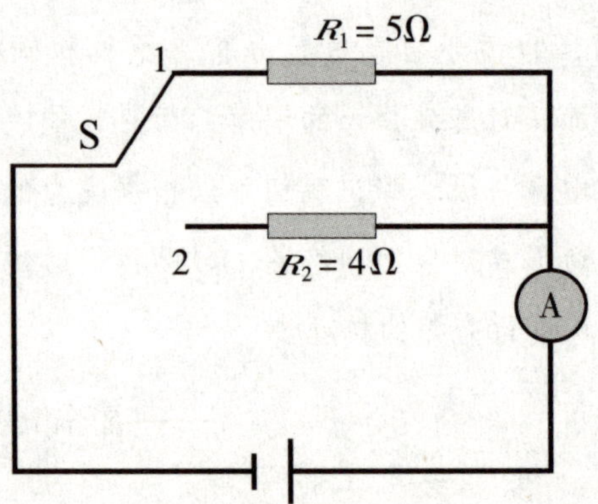

在图中，电源内阻不能忽略。$R_1=5\Omega$，$R_2=4\Omega$。当开关S切换到位置1时，电流表的示数为$I_1=2A$；当开关S扳到位置2时，电流表的示数可能为（　　）。

A. 2.5A；B. 1.8A；C. 2.2A；D. 3.0A。

这道关于闭合电路求I_2的问题，许多学生会由闭合电路的欧姆定律列出方程：$E=V=I_1R_1$，$E=V=I_2R_2$。其中R_1、R_2、I_1都是已知的，可以得出电流I_2的值，却忽略了其成立的条件是电源内阻不能忽略，因此不假思索地选择了错误的答案A。

正确解析：由电源内阻不能忽略，可根据闭合电路的欧姆定律列出方程：$E=I_1R_1+I_1r$，$E=I_2R_2+I_2r$

$r=(I_2R_2-I_1R_1)/(I_1-I_2)=(4I_2-10)/(2-I_2)>0$

$2A<I_2<2.5A$

为了避免张冠李戴的错误，我们在使用公式和结论时一定要特别注意结论成立的前提。有时候自己动手推导一下公式、定理也不失为一种好方法。相信大家只要注意到这点了，定能提高解答物理题的正确率。

·尖子生·
·对你说·

用好公式要“三会”

除了要注意公式成立的前提外，对于公式大家还要做到“三会”。

一、会理解。能掌握公式的应用范围和适用条件，这是解答物理问题必须完成的准备工作。在熟知这些后，我们解题时才会在审题后选用恰当的公式解题，而不是乱套公式。

二、会变形。会对公式进行正确变形，并理解变形后的含义。有时同一规律有不同的表达公式，可以给我们不同的解题思路，如能量守恒定律，就有多种不同的表达方式。

三、会应用。会用概念和公式进行简单的判断、推理和计算。

——北京大学　胡海峰

077 解答物理题的基本脉络

对于物理来说，解题的过程实际上就是把具体情景中的有关信息与同学们头脑中已有的知识经验相联系的过程。以优异成绩考入上海复旦大学的陈文斌同学说：“虽然物理题的形式多种多样，内容也千变万化，但从总体上来说，解答物理题还是有一个基本的脉络，那就是识别物理现象、分析物理过程、用数学知识解题及讨论验证结果。”

下面我们就具体介绍一下这四个关键环节。

1. 识别物理现象。识别物理现象包括理解题意和确定研究对象两个方面。要迅速地理解题意，必须抓住题目中的关键字句，找出已知条件和所求物理量之间的关系，在必要时画出草图帮助理解题意。确定研究对象实际上是把题目所给的物理条件分析为研究对象和研究对象的影响因素的过程。

2. 分析物理过程。分析物理过程即指利用物理公式，找出物理量在各个过程中的定量关系，特别是要找出物理过程中相同的物理量、不变化的物理量和临界状态的条件。

3. 运用数学知识解题。运用数学知识的过程是把物理问题转化为数学问题的关键环节。数学在这个过程中的作用可以表现在以下三个方面。

（1）通过寻找数量关系，给物理模型加入定量的因素。

（2）用符号来表示物理量，从而使符号成为物理内容的载体，把复杂的事物代码化。

（3）根据物理规律列出问题中物理量之间的关系，实现物理过程的数学化。

4. 讨论验证结果。讨论验证结果既是对原来的问题重新审视的过程，也是对自己的解题是否正确进行评价的环节。常用的讨论验证结果的方法有数量级估算法、特殊值假设检验法等。

·优等生·
·经验谈·

物理过程要重分析

物理考试中要解决比较复杂的综合题时，在不知道写什么的情况下，不要立即动笔。这时一定要全神贯注地快速读题，一边读题一边思考。思考怎样才能将问题一步一步地进行分解，也就是将复杂的物理过程分解成几个简单的物理过程。一旦将复杂的过程分解成为几个简单的过程，这个问题也就好解决了。大家要想提高物理做题的质量，一定要特别注意对物理过程的分析。如果某个环节或某个过程分析不清楚，就说明你在这个环节方面存在着知识、方法与能力的欠缺，要抓紧通过复习与练习补上这一环节。

——南开大学物理学系　王飞

078 解答物理题常见的思维技巧

做物理题首先要找准思路。要考查的知识点可能大家心里都有数，关键是解题的思路，思路有了，题目也就容易作答了。下面，我们就来看看在做物理题的时候我们需要哪些思维技巧，可以让我们迅速地捕获解题思路。

1. 先常规，再技巧。大多数的物理试题还是要考你的常规思维，并不都要求你使用简便方法或根本就没有简便方法，所以解题时应先使用最常规、最熟悉的思路去思考。在我们运用常规思维受阻时，再去考虑有没有什么特殊技巧。灵活运用各种解题方法和技巧，如关系式法、守恒法、信息转化法、平均值法、差量法、淘汰法、类推法、讨论法等，提高解题的准确性和速度。

2. 先特殊，再发散。有些题目，上手较难，我们可以先从特殊情况着手，将普遍问题特殊化、抽象问题具体化、整体问题局部化、参数问题常规化。先解决特殊情况，再利用思维的发散性，将特殊情况整体化、抽象化、一般化，这样我们就容易解答了。

3. 先结果，再探索。对一个问题正面思考出现了思维障碍，我们应想到“正难则反”的原则，先假设已有的相应结果，然后逆向思维探求解决问题的突破点、新思路。常用的反证法、分析法都是典型的逆向思维的方法。

4. 先联想，再转化。一些题目，往往与实际生活紧密相关，所以遇到这样的问题，应该先联想到实际问题的具体背景，再将它抽象化、模型化，完成从未知到已知的过程。也有很多题目看似陌生，但若对其特征、特点、形式进行联想转化就不难发现，它们不过是我们熟悉问题的变形，于是问题也就迎刃而解了。

·高效·
·做题·
·锦囊·

用联想打开思维大门

做物理题目的时候要特别注重展开联想。例如，有一年高考，上海物理试卷给出一个宇航员“漂浮”在地球外层空间的照片，请考生根据照片展现的情景提出两个与物理知识有关的问题，并不要求作答。该题尽管是出现在高考中，但初中生照样能做。按照题意，只要是属于与照片情景有关的物理问题均可得分。为此，我们可以从力学的角度提出：此宇航员如何实现在地球外层空间的行走？从光学的角度可以提出：宇航员背后的天空还会是蓝色的吗？从热学的角度可以提出：宇航员为什么要穿上厚厚的宇航服等？善于联想是做好开放题目的关键。

079 设计型实验题的求解策略

设计型实验，是指学生在所掌握的基本实验原理和方法的基础上，应用基本的测量仪器自行设计实验方案的实验。有些同学见到此类题目无从下手，感到困难重重。既然如此，大家不妨采用以下策略来破解设计型实验题。

1. **明确目的，广泛联系。**题目或课题要求测定什么物理量，或要求验证、探索什么规律，这是实验的目的，是实验设计的出发点。目的明确后，应用所学知识，广泛联系，看看该物理量或物理规律在哪些内容中出现过，与哪些物理现象有关，与哪些物理量有直接的联系，以此来确定实验的原理。

2. **选择实验方案。**同一个实验目的可能存在多种实验原理，进而形成多种设计方案。一般说来，选择实验方案主要遵循四条原则。

（1）科学性。设计的方案应有科学的依据和正确的方式，符合物理学的基本原理。

（2）可行性。按设计方案实施时，应安全可靠，不会对人身产生危害、不会对器材造成毁损；所需装置和器材要易于置备，且成功率高。

（3）精确性。在选择方案时，应对各种可能的方案进行初步的误差分析，尽可能选用精确度高的方案。

（4）简便、直观性。设计方案应便于实验操作、读数，便于进行数据处理，便于实验者直观、明显地观察。

3. **依据方案，选定器材**。实验方案选定后，考虑该方案需要哪些装置，被测定量与哪些物理量有直接的定量关系，分别需用什么仪器来测定，以此来确定实验所用器材。

4. **拟订步骤，合理有序**。实验之前，要做到心中有数：如何组装器材，哪些量先测，哪些量后测，应从正确操作和提高效率的角度拟订一个合理而有序的实验步骤。

5. **数据处理，误差分析**。高考对此要求不高，但常用的数据处理方法（如平均法、图像法、描迹法、比较法等）和误差分析方法还是应该掌握的，在设计实验时也应予以考虑。

·优等生·
·经验谈·

学好物理要重视实验

物理是一门以观察、实验为基础的学科，物理知识一般是通过观察、猜想、实验概括归纳出来的。学习物理，要高度重视实验，实验之前要明确实验的目的：这个实验要我们做什么？是探究某个未知的规律还是验证某个已知的规律？等等。还要明确实验的原理，不论做哪一类实验都要搞清楚实验所根据的物理知识。教材中的实验探究、小实验要尽可能自己动手做，要逐步学会根据实验的目的选择实验仪器、设计实验方案，按规则进行实验，以实事求是的科学态度分析实验现象和实验数据，得出实验结论。

——上海交通大学　孟琼

080 主观题解答要规范

要提高物理解答题的得分率，除了要掌握相关的物理知识外，还必须遵守解题的规范化要求。大家需注意以下几个方面：

1. **简洁的文字说明与方程相结合。**有的同学解题从头到尾都是方程，没有必要的文字说明；有的考生则相反，文字表达像写作文一样，关键方程却没有列出。以上两种情形都会导致丢分。所以大家在答卷时要用简洁的文字表达，关键处的说明要配合图示和方程。

2. **书写布局要规范。**用最少的文字、最短的篇幅，表达出最完整的解答，以使评卷老师能在最短的时间内把握你的答题信息。

3. **绘制图形图像要清晰、准确。**绘制必须用铅笔，画出的示意图应大致能反映有关量的关系，图文要对应。在画函数图像时，要画好坐标原点、坐标轴上的箭头，标好物理量的符号、单位及坐标轴的数据。此外，图形图线应清晰、准确，线段的虚实要分明、有区别。

4. **字母符号和术语要准确。**一个字母在一个题目中只能用来表示一个物理量，忌一字多用。要用同一字母表示物理量，采用上角标、下角标加以区别。学科术语要规范、准确。

第九章

化学题的常用做法

化学是理科中相对简单的一门学科，原因在于化学记忆的成分较多，而分析能力要求相对较低，因此也有人称化学为“理科中的文科”。既然如此，是不是化学就不需要做题了呢？当然不是。其实，化学的学习也非常讲究知识的灵活运用。通过做题可以让我们更加熟悉和掌握化学的基本知识，以达到活学活用的目的，这比单纯的“背”效果要好得多。

081 审好题目有五招

审好题目是做好题目的关键，化学也不例外。把题目审好了，抓住其中的关键点，则题目就可迎刃而解。那么怎样做才能把题目审好呢？不妨参照以下五种方法。

1. 由“大”到“小”、由“粗”到“细”。审题时，先粗略地将题目浏览一遍，了解题目的概况。如涉及了哪部分化学知识，描述了什么现象和化学过程，需要解决什么问题等。除了文字之外还要从图、表中挖掘解题的关键和线索。

2. 逐字逐句，捕捉有用信息。审题时要克服只关注那些给出的具体问题，而忽视叙述性语言的倾向。

在化学题审题中，应当特别注意以下字句：

（1）“不正确”“由小到大排列”“由大到小排列”等。

（2）“等体积”“等质量”等。

（3）单位：mL与L、m^3与cm^3等。

（4）有关化学反应（尤其是平衡问题）问题的“三看”：

看特征：物质状态、反应前后气体的物质的量等；

看条件：是否恒温、恒压、恒容等；

看各物理量的单位是否需要换算。

3. 排除干扰，滤取有用信息。在题目给出的诸多条件中，有些是命题者有意设置的干扰。对这类问题审题时，要克服思维定式的负面影响，不要仅仅与平时做过的类似问题进行简单类比，生搬硬套，“想当然”，而要注意两者在条件、情境下的不同之处。

4. 深入分析，挖掘隐含信息。有的题目在正文并不给出全部信息，而是隐含在文字叙述、图、表或注解、提示、“已知”中。对题目隐含条件的挖掘，需要与化学情境、化学变化过程的分析结合起来。

5. 借助流程图，串联解题信息。画流程图的过程本身就是一种准确把握题意的思维过程，许多步骤较多的化学问题，只要画出了流程图，解题思路立刻就畅通起来了。

·优秀教师·
·对你说·

选择题可从不同方向出发

解答化学选择题的时候，在认真审题的基础上要仔细考虑各个选项，把选项与题干、选项与选项之间的区别与联系看清楚。合理采用排除法、比较法、代入法、猜测法等方法来确定最终答案，避免落入命题人所设的陷阱。选择题的答题方法是多样化的，可从不同角度作答，既能从题干出发做题，也能从选项出发验证题干作答。合理地选择解题方法能快而准地找到答案，将做选择题的时间尽可能压缩到最短，为解决后面的大题腾出更多时间。

——南京市优秀化学教师　秦怡

082 计算型选择题有技巧

化学选择题中有一部分属于计算型选择题。若采用常规解法，则需花费一定的时间，解这类题我们可以采用一些解题小技巧。江苏省张家港高级中学的王旭红老师总结了几种有效方法。

1. 差量法。差量法是依据化学反应前后的某些变化找出所谓的理论差量（固体质量差、溶液质量差、气体体积差等），与反应或生成物的变化量成正比而建立的一种解题方法。

例如：同温同压下，某瓶充满O_2时共重116g，充满CO_2时共重122g，充满某气体时共重114g，则该气体相对分子质量为（　　）。

A.28；B.60；C.32；D.14。

解析：由“同温同压同体积下，不同气体的质量比等于它们的摩尔质量比”可知，此题中气体质量之差与式量之差成正比，得（122-116）/（44-32）=（122-114）/（44-M（气体））。

解之得，M（气体）=28。故答案为A。

2. 守恒法。所谓“守恒”就是化学反应过程中存在的某些守恒关系，如质量守恒、元素守恒、得失电子守恒、电荷守恒等。

例如：将KCl和KBr混合物13.4g溶于水配成500mL溶液，通入过量的Cl_2，反应后将溶液蒸干，得固体11.175g，则原溶液中K^+、Cl^-、Br^-的物质的量之比为（　　）。

A. 3：2：1；B. 1：2：3；C. 1：3：2；D. 2：3：1。

解析：原溶液中含有K^+，Cl^-，Br^-，由电荷守恒可知：$n(K^+)=n(Cl^-)+n(Br^-)$，选项中符合这一关系式的只有答案A。

3. 估算法。有些计算型选择题，表面上看起来似乎要计算，但只要认真审题，稍加分析，便可以目测心算，得到正确答案。

例如：45g水蒸气和4.4g二氧化碳混合后气体的平均分子量为多少？①45.1；②17.2；③9；④19。

看到题目后可估算该混合气体的平均分子量只能在18～44之间，答案为④。

·优秀教师·
·对你说·

做好计算型选择题要注意的几点

在解答计算型的选择题没有其他捷径可走，只能用直接解答法的时候我们还要注意以下几点。

（1）掌握常见反应的化学方程式，注意配平。

（2）代入化学方程式中的各物质的量应该是纯净物的质量，若不纯应乘以质量分数后代入，体积要乘以密度代入。

（3）要正确理解化学方程式的含义，善于利用质量守恒定律去发现或明确或隐含条件。例如：利用反应前后某一物质质量的相等作为解题的突破口，巧设数据化抽象为形象，解答缺数据或无数据的计算题等。

（4）重视理论联系实际的计算型训练，这是考试命题的新趋势。

——吉林优秀化学教师　吴贵山

083 “写·记·比·画”解难题

“写·记·比·画”解难题法，是新疆某油田中学的熊海鹏老师创立的。熊老师写道：

> 解答有一定难度的化学题时，在看完一遍后，往往叫大家有一种茫然不知所措的感觉。这时若仅用眼睛一遍遍地看题目，在脑子里找思路，由于不直观常常难以找到解题思路。遇到这种情况，莫畏难，再开动一个学习器官——手，在得到这一臂之力后疑团可能会被逐步解开。

动手所要做的是：把题中所述的条件写出来，记在草稿纸上，可能有用的反应方程式要配平，在明确所求的前提下把各种量之间的关系用笔画一下，搞清它们之间的联系，必要时写出某些概念的数学表达式。已知条件跃然纸上后，再在已知和待求之间找必然联系，一旦找到了，解题思路就有了。

看了熊老师的“写·记·比·画”法，有些同学会觉得跟打草稿差不多。但是当大家在把题目中的条件、问题写下来，记下来，把所给方程式匹配一下，必要的时候再画画结构图的过程中，有可能思路就跃然纸上了。所有这一切，其实都在帮我们弄清楚：已知是什么条件？所求的是什么？正如熊老师所言："解题时把已知条件写写画画，看似雕虫小技，不值一提，但是这种方法却可以在众多条件中理出头绪，接近题意，化难为易，提高了大家的解题能力。"

·优等生·
·经验谈·

形成"化学头脑"

学好化学不仅仅在于会解题，能得高分，更重要的是对化学思维的培养，或者说是一颗"化学头脑"的形成。所以，在课本教材的范围或资料中，大家可浏览一些介绍化学新领域和新动态的报刊、通俗易懂的化学论文，甚至是一些大学教材。这不仅仅可以开阔眼界，扩展知识面，还有利于参加各类化学竞赛，同时对目前各类考试流行的新题型——信息题的解答也会有帮助。

——浙江大学　隋和

084 做好元素或物质推断题的必备招数

元素或物质推断试题是高考化学必考题型之一。此类题目主要以元素周期律、元素周期表知识或物质之间的转化关系为命题点，采用提供周期表、文字描述元素性质或框图转化的形式来展现题干，然后设计一系列书写化学用语、离子半径大小比较、金属性或非金属性强弱判断、溶液中离子浓度大小判断及相关简单计算等问题。

湖南高考状元李斌对于如何做好此类题目很有心得。他说：

我做元素推断题时，一般是先在草稿纸上画出只含短周期元素的周期表，然后对照此表进行推断。对有突破口的元素推断题，可利用题目暗示的突破口，联系其他条件，顺藤摸瓜，各个击破，推出结论；对无明显突破口的元素推断题，可利用提示条件的限定，逐渐缩小推求范围，并充分考虑各元素的相互关系予以推断；有时候限定条件不足，则可进行讨论，得出合理结论；有时答案不止一组，只要能进行合理地解释都可以。若题目只要求一组结论，则选择自己最熟悉、最有把握的。有时需要运用直觉，大胆尝试、假设，再根据题给条件进行验证。对于无机框图推断题，我解题的一般思路和方法是：读图审题→找准突破口→逻辑推理→检验验证→规范答题。解答的关键是迅速找到突破口，一般从物质特殊的颜色、特殊性质或结构、特殊反应、特殊转化关系、特殊反应条件等角度思考。突破口不易寻找时，也可从常见的物质中进行大胆猜测，然后代入验证即可。尽量避免从不太熟悉的物质或教材上没有出现过的物质角度考虑，盲目验证。

北京大学的王龙在谈到元素或物质推断题时也说：“当你不能用逻辑推理方式，由果及因找到答案时，你可以根据一些特征现象‘猜’出物质或元素，这就需要你对课本上的知识很熟悉。”

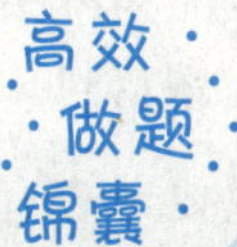

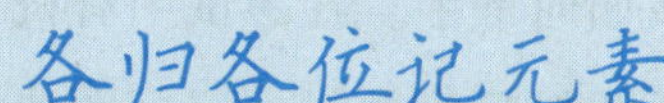

（1）主族序数与周期序数相同的元素有H、Be、Al；主族序数是周期序数2倍的元素有C、S；主族序数是周期序数3倍的元素有O。

（2）周期序数是主族序数2倍的元素有Li、Ca；周期序数是主族序数3倍的元素有Na。

（3）最高正价与最低负价的绝对值相等的元素有C、Si；最高正价是最低负价的绝对值3倍的元素有S。

（4）上一周期元素所形成的阴离子和下一周期元素最高价态阳离子的电子层结构与上一周期零族元素原子的电子层结构相同。

085 如何做好有机推断类试题

不少同学会面临这样的问题：拿到有机化学推断题，自己一点头绪也没有，更不知该如何下手。在考试中有机推断类试题常以有机新材料、医药新产品、生活调料品为题材，以框图或语言描述为形式，主要考查有机物的性质与转化关系、同分异构、化学用语及推理能力。试卷内容常涉及官能团名称或符号、结构简式、同分异构体判断、化学方程式书写、反应条件、反应类型、空间结构、计算、检验及有关合成路线等。

那么针对此类考试必考题，大家该怎样去做呢？我们不妨根据条件的不同，采用不同的方法答题。

有机推断题所提供的条件有两类：一类是有机物的性质及相互关系（也可能有数据），解答这类题往往直接从官能团、前后有机物的结构差异、特殊反应条件、特殊转化关系、不饱和度等角度推断；另一类则通过化学计算（也告诉一些物质性质）进行推断，一般是先求出相对分子质量，再求分子式，根据性质确定物质。至于出现情境信息时，一般采用模仿迁移的方法与所学知识融合在一起使用。推理思路可采用顺推、逆推、中间向两边推、多法结合推断等。

除了上述解答技巧外，平时大家在学习化学的时候就应该把反应条件记熟，把课本上的化学方程式背牢，对物质的基本性质有一定的理解。记住几个典型的氧化反应，还要记住常见有机物的相对分子质量，如乙醇、乙醛、甲醛等。

高效做题锦囊

化学关键在“记”

化学是个文科类的学科，因为其关键在于“记”。说到底就是要你把各种物质的性质、它和别的物质的反应现象都记清楚。上百个反应方程式，必须做到熟记于心；各种物质在特定条件下的状态、反应现象也要熟记。否则面对化学题中一环扣一环的条件，一旦有一个条件让你无法分辨其涉及的是哪一样或哪几样物质的时候，这道题的解答就成了让你感觉棘手的问题。所以不要怕麻烦，不要怕自己忘，要不停地记，在做题的过程中要一再地熟悉相关知识。

086 “猜”出推理题答案

在做推理题的时候要是实在找不到突破口，在大致范围确定的情况下，大家可以根据题目所给的条件进行猜测。这里的“猜”不是没有依据的瞎蒙，而是一种层次较高的推断，是建立在一定的基础上的。用“猜”法解题，往往比正规解法快几倍，尤其是解决推断题，正确率很高。

常年坚持一线教学的新沂一中的王希俭老师指出，在找不到解题突破口的条件下，“猜”不失为一种非常见效的解题方法。那么该如何进行“猜”呢？王老师建议大家不妨从以下三方面入手。

1. **利用特征反应和现象法**。能表现特殊的物理或化学性质的物质，往往具有特征反应，或在反应中能产生特殊现象。例如，焰色反应呈黄色是钠元素的特征；有臭鸡蛋气味的是硫化氢气体；遇淀粉溶液变蓝色的是单质碘；使品红溶液褪色的无色气体是二氧化硫；遇硫氰化钾溶液显红色的是三价铁离子；等等。

2. **利用转化关系尝试法**。由于某些推断题的结论只有较少可能性，因此可将每种可能的结论代入题内尝试，即可找到正确答案。或记住一些重要的转化关系，答题时，将试题框图形式与记得的转化关系对比，寻找相似关系。物质之间按照一定规律转化，形成一定特征的转化关系，常见的有：金属→金属氧化物→碱→盐，非金属→非金属氧化物→酸→盐。还有各种元素不同价态物质之间的转化关系，如铁三角、铝三角等。

3. 利用逻辑推理法。解答框图题的过程是一个推理判断的过程，具有严密的逻辑规律，如甲物质向乙物质转变；丙物质向丁物质转移；反应物向生成物的不断趋近；条件向结论的推导等。因此，在解题时，要搞清网络中体现的因果关系、顺承关系、递进关系等。

高效做题锦囊

化合物的物理特性总结

（1）颜色：常温下，单质为有色气体的元素是F、Cl；单质为淡黄色固体的元素是S；焰色反应火焰呈黄色的元素是Na，呈紫色的元素是K（通过蓝色钴玻璃）。

（2）状态：常温下，单质呈液态的非金属元素是Br；单质为白色蜡状固体的元素是P。

（3）熔点：单质熔点最低的金属元素是Hg；熔点最高的金属元素是W。单质熔点最高的非金属元素是C。氢化物熔点最高的非金属元素是O。氧化物熔点最高的非金属元素是Si。

（4）硬度：单质为天然物质中硬度最大的元素是C。

（5）导电性：单质能导电的非金属元素是C；单质属于半导体材料的是Si。

087 用“物理”的方法做实验题

不管是中考还是高考，化学实验题都是必考的题型之一。有些实验题只要稍微变化一下，有的同学就不知所措了。以优异成绩考入北京大学的赵宝刚同学在做实验题方面很有经验，他说：

“化学是理科中的文科，化学实验部分需要记忆的东西有很多，我本来特别烦这类东西，也总是记不住。后来在做题的过程中我总结出了做实验题的一套方法，那就是把化学物质的性质按物理性质分类，比如按水溶性、颜色、气味、可燃性等分类来记。因为实验虽然是考物质的化学性质，但是突破口往往是某种物质的物理性质。这样有时候一看到题目，解题思路也就有了。”

其实，只要大家稍微留意就会发现，化学实验题都是有原型的，其原型几乎都是课本上的学生实验、演示实验等。所以一定要把课本上的一些实验的原理、仪器、药品、操作以及注意事项等弄清楚，并且要注重对课本上的一些实验的反思，思考一下实验有没有不足的地方，哪里需要改进，能否用这套装置做别的实验，等等。经常这样思考，再遇到化学实验题时你就会自然地将实验题和相关的原型对应起来，解决起来就比较简单了。

第十章

怎样做好政治题

对于政治这门课程，很多同学觉得自己的基础知识掌握得还可以，但在答题时却很难得高分。出现这种情况的原因大多是同学们没有将基础知识与做题进行紧密的结合，以致出现“心中有，笔下无”的情况。要克服这种现状，就必须将政治理论融入做题的实践中去，将“记”与“做”有机结合起来。

088 政治选择题答题技巧

政治选择题的解答情况直接影响着整份试卷的考试成绩，原因在于：选择题在整个试卷中所占的比重非常大。提高选择题的解答技巧对提高整个试卷的考试成绩是非常重要的。下面我们就来看看解答政治选择题的一些小技巧。

1. **抓住立意**。每个选择题只有一个立意，即一个中心思想。因而，看到试题后，认真阅读，并要很快地找到它的中心思想，最好用一句话的形式提取出立意。然后再看题肢的设问，这样就能很快地找到答案。当然，对于简单的试题来讲，读完也就应该做完。

2. **找关键词**。一般来说。每个选择题的关键词大多在题干的最后一句话中，如 “范围关键词”：经济学道理、哲学道理……“内容关键词”：措施是、制度是……“形容词关键词”：根本、主要……“动词关键词”：表明、体现……抓立意和找关键词相结合，对做难度稍大的题目有较大的帮助。如2004年高考文综天津卷第31题：我国人均资源占有量不足，有效提高资源利用率的根本方法是（　　）。

A.发挥市场作用；B.强化宏观调控；C.增强节约意识；D.加快科技进步。

本题题干的规定性是“根本”，节约资源的方法有不少，发挥市场作用、强化宏观调控、增强节约意识都可以做到，但都不是根本的方法。可见，只有扣住题干的规定性才可正确作答。

3. 排查误项。高考试题中有一部分是难度大的题目，甚至有些题肢的设置一时难以理解。在这种情况下，最好用排查法，先把明显错误的选项去掉，然后进一步缩小范围进行作答。

总之，要想解答好选择题，大家就要在平时的学习中注意准确把握基本概念和基本观点，在平时的训练中要着重训练解题思路和解题技巧，对反复出错的题目进行重点分析等。

·高效·
·做题·
·锦囊·

以本为本

想要取得政治高分，大家必须以本为本、重视基础、训练能力。以本为本，就是要处理好教材与参考资料的关系，必须以教科书为学习的根本，尽可能地掌握教材，绝不能离开教材看资料。重视基础，就是要特别注意学习好教材上的基础知识、主干知识，根据考试大纲的考查内容，每一个知识点过关，老老实实打好基础。训练能力，就要认真仔细地完成每一次测试，在周测、月考、模拟考试中检查知识的不足，提高应试能力。

089 政治主观题的解答步骤

对于政治主观题，大多数考生都感到困惑、难做，常下笔千言，却离题万里，得分很低。但主观题恰恰又是大家在平时的做题中需要拿下的一块“硬骨头”。以优异成绩考入上海交通大学的王海鹏同学说：“近年来政治试题尤其是主观性命题大多通过运用新材料、设置新情境来考查学生综合解决问题的能力，而做好这类试题，首先就要明确答题步骤。”

那么该采取怎样的答题步骤呢？多年从事政治试题研究的秦海涛老师很有经验。他给了我们这样的答案：

第一步是“审”。就是审设问，明确答题指向。明确每个设问要求运用政治学、哲学、经济学的哪些主要知识和基本技能。有些设问有明确要求，有的没有明确其范围要求，我们要从设问中提取其隐含的知识范围。

第二步是“看”。就是看材料。看材料要注意材料的层次以及材料的中心意思（主旨），要努力挖掘出材料中的每一个有效信息。对于引文材料要领会主旨，对信息进行“去粗取精、去伪存真”；对于图表数据要将符号语言转换成概念，按一定逻辑组成概念群；对描述的现象与问题进行分析与归纳。将提取的信息因子以关键词的形式写在纸上，然后，将设问要求结合主干知识进行信息加工。

第三步是“找”。就是回归教材，将所学知识与试题的材料内容建立正确的联系。

第四步是“组织答案”。根据审题中得到的有效信息及加工后的信息，按照设问的要求，列出答题的简要提纲。作答时要用经济学、哲学、政治学的术语，紧扣题意进行回答，力求做到条理清楚、逻辑严密、表述准确、书写工整。

北京大学2016年新生任意馨在谈到自己怎么解答政治主观题时说，字迹清楚，逻辑严谨，这都是最基本的，还有就是可以先在草稿纸上列一下提纲，防止写的时候由于紧张而漏答某一点。

名师细节指点

学好政治要“留心”

政治作为文科类的一门学科是很讲究概念、原理的。大家在学习时一定要深刻理解概念知识，理解概念和原理之间的联系与区别。这些问题都将是以后解题的依据，一定要了然于胸。政治解题能力是以基础知识为根基的，我们不但要学好课本上的基本理论，还要注意理解课本上举的事例。这些事例都是为理解课本的知识服务的。例如：政治课本上的名人名言、成语俗语、课题、节题、框题、黑体字、句首等，对于这些看似不起眼的东西我们都要加以留意。

——成都市优秀教师　武圆焕

设问不同，思路就不同

有的同学解答主观题时，常常会把设问的要求弄颠倒了，结果回答虽然有理有据，却属于无效回答。例如：某主观题的设问是“运用唯物辩证法的有关知识说明结构调整的必要性”，一些同学解答时却用了辩证唯物论部分的知识进行回答，结果“差之毫厘，谬以千里”。为了避免这种遗憾，我们就需看清题目的设问要求，然后再细致作答。

下面我们就来看看政治主观题一般的设问类型及答题思路。

设问一，运用某观点，分析说明某问题。

答题思路：（1）简要写出教材相关观点。（2）分析该问题，要多阐述。

设问二，材料是怎样体现某观点的？

答题思路：（1）回答该观点的具体内容。（2）找材料，将材料与观点的具体内容对应起来（如观点A包括A1、A2两方面，然后找出哪些材料体现A1，哪些材料体现A2）。

设问三，材料给我们什么启示？

解题思路：首先要认真阅读材料。如果材料中的做法是正确的，收到了积极的效果，我们就按照它的做法去做；如果是错误的，导致了不良后果，那就要避免或反向去做。

设问四，说明几者之间的关系。

解题思路：在回答时，必须把这几者联系起来综合考虑。如果我们不知道它们之间的内在逻辑联系，还有一个最简单的办法：用“只有……才……”这样的句式把它们连接起来。

设问五，结合材料，谈理解、认识、感悟。

解题思路：先对材料进行分层并概括出每一层的意思，明确它属于哪个问题（即“是什么”），然后结合课本内容回答出“为什么会出现这样的问题”（即“为什么”），“怎么解决这样的问题”（即“怎么样”）。在运用所学知识进行分析时，不要求面面俱到，但一定要充分联系教材，思维要发散，角度要多样，但不宜生搬硬套。

高效做题锦囊

审清设问很关键

只有审清设问和读懂情景的主旨，理解试题，才能明确立意。从试题提供的情景材料和设问的关系来看，情景材料是为设问服务的，命题者要考查的知识、能力等，都在设问之中。仔细分析设问，主要是明确设问的角度、要求、规定性等，它为大家确定了正确的思维方向，使大家能够准确地把握问题的指向。借助问题的启发，带着设问的指向去读情景材料时，就能分辨出哪些是有效信息，哪些是无效信息，发现并找出情景材料中提供的有效信息，形成对信息的综合解读。

091 答开放性题目的策略

试题中，最能体现开放性的题目类型就是后面的问答题目——分析说明题，这也是大多数考生最感棘手的一种题型。针对这类题型大家该采取怎样的答题策略呢？不妨从以下几方面入手。

（1）反复看材料审题，弄清材料、题目属于什么问题。

（2）根据问题和题目的提示在课本中找到与说明材料相关的观点、内容。

（3）先答题目材料“表明什么”“是什么”，再答与问题、材料相关的观点、内容，最后回答在这个问题上应如何做。下面我们就结合例子来具体谈一下。如2005年宁波市社会政治中考试卷第34题：2005年2月16日，旨在减少全球温室气体排放，遏制全球气候变暖的《京都议定书》正式生效了。包括中国在内的140多个国家和地区签署了协议。这是人类历史上首次以法规形式限制温室气体的排放。据此回答：

① 这么多国家和地区共同签署《京都议定书》，说明了什么问题？（2分）

②中国在《京都议定书》上的签字体现了我国政府在保护和改善环境方面的哪些观点？（3分）

解题思路：

第一小题回答“是什么”。找到课本中与材料相关的观点、内容。答：说明了全球环境污染严重，环境问题已经成为世界性的问题；保护环境已成为全球的共识。

第二小题回答“为什么”。答：体现的观点有：愿意在公平合理的基础上，承担与自己发展水平相适应的国际责任与义务，为促进全球环境与发展事业做出应有的贡献；坚持预防为主，防治结合；树立可持续发展观；建立和改善环保投入制度；把环保工作纳入制度化、法制化轨道。

做开放性题目时要结合课本、结合题目材料、结合当前社会热点问题和学生的实际。切勿离开课本离开材料去作无边无际、不切实际的漫谈、乱谈、空谈。

·名师·细节·指点·

解答认识性问题的高招

先要确定这个要求我们认识的事物是什么，给它定性，明确其性质和状况。然后联系周围的事物，分析其产生、发展、变化的原因。再把握它的发展趋势，思考我们应该采取的对策或办法，限制它的消极作用，充分发挥它的积极作用。答题也要依照上述的思路，要有严格的逻辑关系，这是得高分的关键。

——陕西省优秀教师　万伟

092 从材料中挖答案

在解答政治主观题时，有的同学只注意看问题，对题目的材料却一扫而过，结果很容易吃力不讨好。材料中往往蕴含着答题的角度，答题时要善于分析材料，可以利用材料的暗示来答题，有事半功倍的效果。下面我们结合例子做详细的介绍。

例：我国拥有300万平方千米的“蓝色国土”，这是中华民族实施可持续发展的重要战略资源，也是把我国建设成为海洋强国的可靠保障。2003年，全国海洋产业总产值首次突破万亿元大关，达到10077.7亿元人民币，按可比价格计算，比上年增长9.4%，继续保持高于同期国民经济的增长速度。

运用所学经济常识分析海洋产业对我国经济发展的意义。

显然，本题的材料中蕴含了海洋产业对我国经济发展的意义。通过仔细阅读，我们不难从中提取出三条有效信息：一是“我国拥有300万平方千米的‘蓝色国土’，这是中华民族实施可持续发展的重要战略资源，也是把我国建设成为海洋强国的可靠保障”，这说明我国海洋资源丰富，从经济常识的角度看能够为我国经济的增长提供资源；二是“2003年，全国海洋产业总产值首次突破万亿元大关，达到10077.7亿元人民币，按可比价格计算，比上年增长9.4%”，这说明我国的海洋产业发展迅速，从经济常识角度看有利于提升和优化我国的产业结构；三是“继续保持高于同期国民经济的增长速度”，说明我国的海洋产业对整个国民经济的发展有着重要的推动作用，从而也能更好地满足人们的生活需要。

可见，许多政治主观题的答案都是蕴含在材料之中的，如果不善于分析、利用的话，能到手的分数也会白白跑掉。

·名师·细节·指点·

解答材料问答题不能只记“条条”

材料式问答题不是直来直去的简单问答，而是以现实社会中的热点内容和重点内容作为命题材料，结合教材内容从不同角度设置问题的。试题答案往往不是集中在某课某节某框的某个知识点，而是很有可能分布在几课、几节或几框的多个知识点上，具有一定的知识跨度。这类题目只靠死记硬背教材的“条条”是不行的。做此类题目首先要认真阅读材料，准确掌握材料的中心意思，在掌握材料之后，要根据材料中的重点句子对知识点进行提取归纳。

——北京市优秀教师　厉娜

093 图表类分析说明题的解题技巧

近年来，图表、数据类分析题在考试中频频出现，此类题目综合性强，对考生能力和素质要求高。所以大家除了平时要多训练多总结外，还要掌握一定的解题技巧，才能有备无患。

那么怎样才能把这类题目做好呢？我们不妨看看文科状元韩佩佩的做题经验。

1.“看”。看设问，浏览资料。

（1）要看设问，审设问，不同设问决定了不同的答题方向。大家在答题时一定要把问题看三遍，把问题当作一道作文题来审，把握要从哪个方向来答题。

（2）浏览资料。

① 审标题（表格名称）。标题是图表的“眼睛”，它会告诉你图表反映的问题是什么。

② 审图表（表格内的项目和数据）。关键是找到数据变化的规律。

③ 审附注（解释性的和补充性的）。这是大家最容易忽视的，但

它往往是提醒图表内容的关键。

④ 注意特定年份的意义。如1978年（改革开放）、1997年（香港回归）

2.“比”。比数据，找结论。

（1）纵向比较，前后数据之间的比较。

（2）横向比较，左右数据的比较。

（3）同类比较，即同类数据之间的比较。可把国有经济和集体经济看成一类，即公有制经济，把个体经济、私营经济和其他经济看成另一类，即非公有制经济。

（4）整体比，即表与表之间的比较。

3.“析”。分析原因，找措施。数据呈现的是现象，或反映出来的问题，到了第二、三问一般都要进一步深层次地分析。大家在进一步分析时，一定要找到课本知识点与材料的结合点，还可引用社会热点、联系实际问题加以发挥创造。

·名师·细节·指点·

从因果关系处入手

大家在做图表类分析题时要善于把握因果联系，在分析表格或材料内容的变化时，必须思考引起这一变化的原因。一般来说，这些原因往往就在图表内、附注或另外的图表材料内，要从图表之间或图表与材料之间分析出它们之间的内在关系。做图表题的关键是要“细心”，做到细心审题。注意从图表、材料中提取有效信息，然后整合知识，提取关键部分，做出答案。

——湖北省优秀教师　王晨广

答主观试题的“五忌”

在做政治主观题的过程中，除了认真审题、仔细设问之外，还有“五忌”需要大家注意。做到这“五忌”，是避免大家丢冤枉分的关键。

1. **忌随便发挥**。高考是对全国统一教材的考查，同学们应先打好课程内容的基础，以此作为自由发挥的依据，切勿毫无根据地漫谈。

2. **忌过大过小**。此项主要针对字体而言。有的同学的字体犹如脱缰的野马，十个字写满一行；还有的同学的字体小如蝇头。这些都不符合答题规范，极易导致丢分。正确的书写方式是字体大小合适，便于阅卷老师阅读。

3. **忌层次不分**。有些同学论述题等同于命题作文，文采飞扬，语气词满天飞。结果往往让阅卷老师找不到答案要点，造成误判。正确的做法是：答题要点层次分明、条理清晰，使阅卷人一目了然。

4. **忌文气阻塞**。有些同学在答题时，提取书中的内容，不加润饰就誊到了答题卡上。以至于阅卷老师不知道哪句话是回答哪个问题的。所以，在引用书上的理论时，一定要结合题目中所给的材料。

5. **忌用语不规范**。答题时一定要使用教材书面用语，而不能使用自己创造的语言。只有这样，才能和阅卷老师达成共识、减少误解。

第十一章

历史题的审答技巧

对于历史考试，很多同学可能会觉得试卷中的一些题目问得很奇怪，即使课本上的知识已经掌握得不错了，但还是不知道怎么答。其实，答案都在书本上，只是我们遇到的问题比较灵活，提问的方式有些不同罢了。有些历史学得很不错的同学提出了一种“死去活来”的见解，就是告诉大家，历史知识是死的，但做题的时候一定要把死知识用活了。

095 历史选择题的“审、辨、解”技巧

现在对历史选择题的考查要求越来越强，迷惑性也越来越大。而选择题又属于客观题，只有一个正确选项，所以一旦审题出现什么偏差，便会全盘皆输。能否认真审题以及根据什么方法审题，显得非常重要。山东省临清市魏湾镇中学的张秀刚老师提出了“审、辨、解”的解历史选择题法，很值得我们学习。

1. **认真审题**。审题是做好选择题的前提条件。审题包括审题干和审选项两部分。例如：

他创办私学，注重“因材施教”，提出“温故而知新”的主张。他是儒家学派的创始人，这里描述的教育家是（　　）。

A.孔子；B.老子；C.孟子；D.墨子。

我们要了解题干的意思，涉及“因材施教、办私学、温故而知新”等，这样我们就很容易得出答案了。

2. **巧用“辨”析**。这要求我们学会去伪存真，去粗取精，“舍本逐末”。有的选项相差不大，要细“辨”。例如：

清朝君主专制发展到顶峰的关键措施是（　　）。

A.闭关政策的实施；B.军机处的设置；C.册封西藏首领；D.严酷的文字狱。

本题旨在考查对君主专制的正确理解能力。这四个选项都是加强君主专制的措施，但要仔细看标题“关键”一词，否则你会选错。真正使全国的军政大权集中于一人之手的是雍正皇帝的军机处。因为军机处的设置，使军国大事完全由皇帝裁决。

3. 解法得当。历史选择题的解题方法多种多样，找到一种合适的方法去解题可以提高解选择题的速度与效率。例如：

四个同学讨论原始社会的生活，说法不正确的是（　　）。

A.人们共同劳动，共享劳动果实；B.没有剥削，没有压迫，没有烦恼；C.身穿兽皮衣服，居住在洞穴中；D.工具十分简陋，生活非常艰苦。

这个题用哪种方法比较恰当呢？选基法行吗？不行；观察法行吗？因为此题不涉及图形、图表操作，也不妥。哪个比较好呢？排除法。运用所学历史知识，考虑原始社会的生活有哪些表现，然后在选项中排除，注意题目中找“不正确的”，所以选B。

·高效·
·做题·
·锦囊·

首尾结合法做好排序选择题

排序选择题是要同学们选择历史事实或历史现象正确的顺序，如时间先后等。解答此类题目宜采用首尾结合法，即首先找出打头的历史事件序号，再找出结束事件的序号，然后就可以将备选项中首尾序号相符的先选出来。

096 历史问答题审什么

以优异成绩考入北京大学的徐晓风同学说："审题是解答问答题至关重要的一步。高考中有很多同学答题情况不理想，究其原因，除了知识和思维能力上的缺陷外，很重要的一点就是没有审明题意和抓住思路，导致答题答乱了套，甚至答非所问。"那么针对历史问答题，我们该怎么审呢？

1. **审题型**。不同类型的试题各有不同的要求。熟悉和掌握历史试题的不同类型和要求，有针对性地回答问题是取得较好成绩的前提。例如："结合19世纪晚期的有关背景，分析甲午战争爆发的必然性以及这场战争对中国国内政局和远东国际局势产生了哪些重大影响？"这是一道叙述分析类型的问答题。重点考查甲午战争的背景和影响。要求分析的也是背景和影响。审题时必须明白，试题的要求是叙述加分析。这样，抓住了重点才能较好地回答这个问题。

2. **审范围**。所谓范围是指问题所涉及的时间、空间、人物、事件以及在分析、论述时应涉及的论点、论据和知识。例如："第二次世界大战是怎样爆发的？"此题从原因上分析有远因、有近因、有根源；从时间上分析从1919年到1939年；从内容上分析有这样几个层次：一是凡尔赛–华盛顿体系的形成；二是20世纪20年代的国际关系；三是1929—1939年的资本主义世界的经济危机及其影响；四是英、法、美对德、意、日的绥靖政策；五是欧洲两个战争策源地的形成。

3. 审重点。所谓审重点就是分析试题的设问指向。试题所问的方式、角度、侧重点不同，回答的重点也应不同。例如："19世纪末资本主义的发展趋势以及对中国社会的影响。"重点在外国资本主义对中国的侵略及其后果等。

总之，只有掌握了历史问答题的审题方法，才能立于不败之地。

·高效·做题·锦囊·

做好问答题要善于挖掘题意

大家在做政治问答题时要根据要求，确定好时限、内容和思考的范围。如 "新中国成立后生产关系问题"，题目涉及回答的内容有："生产关系变革的步骤，每次变革的原因、内容及结果，理论依据等三个方面。"作答时必须综合新中国成立以来生产关系的变革来回答，但是有不少同学只回答了一两次变革。对材料问答题，要明确材料的观点，并搞清楚观点与实体论证的关系。针对一题多问的情况，要根据分值分布来确定作答内容和时间。

097 “四字口诀”做好历史问答题

有的同学在做历史问答题时，往往下笔千言，而结果却离题万里。其实解答历史问答题离不开四个字：

“述”。就是叙述，答题中一般表现为概述、简述、论述、综述等。答题时一般按时间顺序和因果关系表达就行，要注意的是：一、围绕题目要求的有关知识点一定要涉及，不必展开，但要讲述明白，不可遗漏；二、简述、概述、综述一类需要概括性较强，时间跨度较大的，要先划分历史阶段，再按阶段回答问题；三、答题要条理清楚。

“论”。一般表现为命题给出一种观点或一个论题，然后要求用相应的理论和事实加以说明。有的题给出一则材料，先要求提炼有关信息，再判断信息的正确性，然后再加以说明和论证。

论证首先应该判断观点和论题的正误，标准有两条，一是实践的标准，二是理论的标准。论证要摆事实，讲道理，首先要用充分的事实证明观点和命题的正确或错误，然后要做出相应的说明、结论或总结。答题强调列举史实要充分和全面，说服力要强。

“析”。就是分析。一般先要回答“是什么”，在此基础上回答“为什么”。

“比”。就是比较，就是把两个以上的事物或人物进行比较，一般的是要求比较各种历史现象的相同点和不同点。可从这几个方面入手：①比较历史现象发生的原因、背景、历史条件和人为目的的相同和不同；②比较历史现象的内容（主要过程）、特点、特征（表现形式）、性质、实质等方面的相同与不同；③比较事物成败的原因、历史作用、地位、影响、经验和教训等方面的相同与不同。

2016年考入北京大学的王雪霏说，用四字口诀答历史题都能答到点子上，是一种不错的选择，另外，根据历史的特点，很多史实可以编成顺口溜来记，有兴趣的同学不妨试一试。

名师细节指点

做好问答题要注意的三点

1．回答的内容要简明扼要，详略得当。

2．要注意全面准确，要深入分析且兼顾大局。

3．适时检查，注意审题是否有偏差；论点是否有遗漏；史实部分是否确切；是否有病句、错别字，标点符号的使用是否恰当等。

——北京市优秀教师　黄涵

098 解历史问答题需“四注意”

近年来，历史问答题涉及的知识点多、覆盖面广，除了具备应有的知识和解答要领外，我们还应该注意一些小细节，以免造成无谓的丢分。下面我们看看在解答问答题时应该注意的几个方面。

1. **知识到位**。要全面思考所要解答的内容，力求所需的相关史实的知识点全部到位。这里的“到位”是指对属于史实基本要素的时间、地点、人物等历史名词，应该具体说明。要是史实记忆不准确，宁可虚写也不能乱写。例如百日维新的“1898年”可用“19世纪末”“清末”取代。

2. **解释合理**。运用观点去分析材料或说明道理，这是问答题的常见形式。无论是分析还是说明，都要力求解释合理。这里的“合理”指的是针对求答要求，选择适当内容，形成解答观点，这样就可以避免答题方向产生偏差。

3. **史论结合**。学习历史不仅要了解一些史实，更重要的是要树立正确的史学观点和掌握正确的学史方法。解答历史题目必须协调处理史实、史观、史法三者的关系。

4. **表达有序**。列举史实确定观点后，如何进行有条有理的表达，是解题的又一注意事项。应按序循意，叙述流畅。“按序”就是按设问次序，一一应答，这样思路顺畅，表达方便，书写后检查也比较容易。“循意”就是紧扣题意，问什么答什么。落笔书写前，可以在全盘考虑答题内容的前提下，依照题目的设问顺序和分值分布提示，拟一份简明扼要的答题提纲。

注意到这四个方面，可以帮助我们在解历史问答题时做到规范化，以免造成无谓的丢分。

石珂瑶是北京大学2016年历史系新生，谈到怎么解答历史问答题时她说：“如果你会，密密麻麻地写了好多，但最重要的点没有被老师一眼看到，这样也很容易被扣分，尽量写出层次来，答得规范点，可以给答题锦上添花。”

·高效·做题·锦囊·

内容的条理性不容忽视

一切的努力都必须落脚于答案之中，这是得分的关键之处。制订答案的基本要求是史实的准确性、内容的针对性、要点的完整性、叙述的条理性、语言的简洁性。在内容组织方面做到面要宽、点要多、话要短。答案的编写要做到“段落化、要点化、序号化”，以求层次清楚，能使人一目了然。

099 做好材料解析题需从四个方面入手

材料解析题是一种富有历史学科特色的主观性题目，旨在使学生运用所学知识，从未学过的历史资料中发现和提取有效的信息，并由此形成相应的认识。有的同学会有这样的疑问："为了能覆盖答题点，我一般都尽量多答几句话，但是还是得不了高分，这是为什么呢？" 要攻克材料解析题，大家不妨从以下四个方面入手。

（1）先看设问，再看材料。传统的解析材料题的方法是先阅读材料，再分析问题。但是如果提供的材料较难理解，尤其是文言文和翻译过来的外文资料，大家往往就难以读懂了，更不知道该如何下手。所以提倡大家先看问题，因为问题往往可以给我们提供相关信息。如果我们先看问题，就可以根据问题的设问要求，在读材料的时候有针对地找出相关点了。

（2）仔细阅读理解材料，切忌不看材料跟着感觉走，想到哪说到哪。我们必须从提供的材料中尽可能地寻找"问题信息"并对材料进行整理。

（3）紧密结合教材内容，进行知识迁移，切忌单靠所提供的材料答题。“材料在书外，答案在书中”，是材料解析题的重要特征。每一个问题都对应着一个知识点，我们在完成获取分析材料、提取有效信息之后，必须结合从教材中所学的内容，进行知识衔接，将材料与知识相结合，完成知识的迁移。

（4）总结答案时要进一步审清、审准设问，文字表达要清晰有条理，言简意赅，切忌答非所问，杂乱无章。材料处理和知识迁移的最终目标是运用材料和已学内容对有关问题进行说明、论证，即分析问题和解决问题。我们首先要对所设问题进一步审清，结合材料才能进行解答，要求问什么答什么。

·高效··做题··锦囊·

要注意材料的“边角料”

阅读材料时，除读懂材料正文外，还要特别注意提示性文字和材料的出处。这些说明性质的文字能够提供材料的时间、作者及背景等，通过这些信息，同学们可以得到暗示，而有时这些材料能起到“得来全不费功夫”的效果。特别是如果材料出处及其他说明放在材料前，就更应该留心细读。

100 运用地理思维解历史综合题

河北省元氏县第一中学的邵新力老师提出了在文科考试中，在解答历史综合题时可以多用用地理思维来作答的方法。下面我们就来看看邵老师是如何运用地理思维来解历史综合题的。

1. 利用地理因素中的时间规律性来判定人类社会活动的时间性。

例如：元代从温州航海前往真腊（柬埔寨）的较佳时间是（　）。

A.11～12月；B.3～4月；C.5～6月；D.7～8月。

解析：元代前往真腊，正是利用了区域地理因素中，处于温带和亚热带季风气候中的东亚地区随季节变化而风向变化的自然规律，以便于以风力作为动力的帆船航行来选择时间的，所以选A。

2. 利用地理因素中的交通特点来判定影响人类社会活动的空间区域范围。

例如：北宋经汴河运往东京的稻米主要产自（　）。

A.华北平原；B.汉中平原；C.太湖平原；D.江汉平原。

解析：题干是历史知识而选项是明显的地理术语，同时题干又强调了“水路”运输，所以要熟悉一定的历史事实（如京杭运河连通淮河与长江；宋代太湖流域的稻米产量最高），又要熟悉地理因素中的河网水系（汴河经运河与淮河、长江相连，又经运河中的江南河流与太湖流域联通），才能得出正确选项为C。

3. 利用地理因素中的特定地理特性来判定人类独特的生产生活方式。

例如：一位宋代人描述他所经过处，说其地“土多林木，田宜麻、谷”，人们“依山谷而居，联木为栅，屋高数尺，无瓦，覆以木板”，气候则“盛夏如中国十月”，所以“皆以厚毛为衣，非入室不撤（解衣）”。

根据上述材料可知，他看到的是（　　）人的生活。

A.契丹；B.女真；C.大理；D.西夏。

解析：本题通过“宋代”给出了历史时间范围，并对应地给出四个同时代的备选项内容。大家可以通过题干给出的地理特性（“土多林木”及“盛夏如中国十月”）和独特的生活方式（农耕、木屋和厚皮毛衣服）准确地判定出它是我国的东北地区，而宋代生活在东北地区的主要是女真人，故正确的选项为B。

名师细节指点

历史考试也要检查

大家在检查答案时首先要确定自己有没有漏答，再检查答案语句是否通顺、有没有错别字、涉及重要的历史人物和地名有没有写错。主观性试题要求答案精炼并不等于语句上可以牛头不对马嘴。只要自己稍微花一点时间检查，就能检查出原有答案存在的许多错误的地方。这样就可避免自己犯一些低级的错误，保证把该拿的分拿到手。

——黑龙江省优秀教师　易萌萌